中国科普作家协会国防科普委员会推荐图书

舰船科普丛书

国之重器

中国船舶及海洋工程设计研究院
上海市船舶与海洋工程学会
上海交通大学
主编

海警船

韦 强　张海瑛

编著

上海科学技术出版社

图书在版编目(CIP)数据

海警船 / 中国船舶及海洋工程设计研究院,上海市船舶与海洋工程学会,上海交通大学主编;韦强,张海瑛编著. —上海:上海科学技术出版社,2020.1
(国之重器:舰船科普丛书)
ISBN 978-7-5478-4736-7

Ⅰ.①海… Ⅱ.①中… ②上… ③上… ④韦… ⑤张… Ⅲ.①海防-警察-军用船-青少年读物 Ⅳ.①U674.7-49

中国版本图书馆CIP数据核字(2019)第294237号

舰船科普丛书

海警船

中国船舶及海洋工程设计研究院
上海市船舶与海洋工程学会　主编
上　海　交　通　大　学

韦　强　张海瑛　编著

上海世纪出版(集团)有限公司
上海科学技术出版社　　出版、发行
(上海钦州南路71号　邮政编码200235　www.sstp.cn)
上海盛通时代印刷有限公司印刷
开本 787×1092 1/16 印张 11.5
字数 180千字
2020年1月第1版　2020年1月第1次印刷
ISBN 978-7-5478-4736-7/N·195
定价:68.00元

本书如有缺页、错装或坏损等严重质量问题,请向工厂联系调换

第1章
海上执法队
——海警船

中国是一个拥有海岸线长达1.8万多千米的海洋大国。对于一个海洋国家来说,海洋资源的利用和舰船的技术是一个国家实力的表现,而维护其海洋主权的实力又反映在海警船的技术和发展上。因此,海警船具有十分重要的地位!

> 图1 中国海警执法船出海巡航

第1章 海上执法队——海警船

海警船及其归属

从世界范围讲,海警船是沿海海岸国家的"海上警察",为维护本国领土完整和海洋主权权益的执法船只,是代表国家履行维权职责、维护国家安全的重要组成部分,是国家用来守护海疆、维护海洋环境资源、国家安全的利器。

每个国家的海警船归属不尽相同,如美国海警船归属海岸警卫队,日本海警船由海上保安厅管理。虽然归属不同,但使命任务及作用性质大致相同。

中国海警船归属中国海警局,履行海上维权执法职责。

> 图2 美国海岸警卫队的海警船

> 图3 日本海警船

> 图4 中国海警船巡航

第1章 海上执法队——海警船

世界上最早成立海警船队的国家

世界上最早成立海警船队的国家是英国。19世纪初,英国对白兰地、烟草等商品征收高额关税,不法商人为获取高额利润,从法国、比利时和荷兰等国走私烟酒和其他违禁品来逃避关税。因此,小船常在夜间经英吉利海峡将违禁品送到英国海岸,随后转销至英国内陆牟取暴利。为打击走私,保护国家的经济利益和海运事业,英国财政部组建了一支"水上卫队",这算是海岸警卫队最早的"雏型"。1822年,英国正式组建了"海岸警卫队",隶属英国海关总署,这就是"海岸警卫队"名称的由来。

英国海岸警卫队成立后,除反走私外,还有一大任务——救援。海岸警卫队在岸上设有很多站点,并配置了骑警和一些观察设备。在每个岸上的站点,还装备了一种特殊迫击炮,这种迫击炮可以发射带有绳索的"炮弹",将救生绳抛投至近岸的失事船只附近,使遇险船员可以攀援上岸。如今,缉私和海上救援这两个功能依然是各国海岸警卫队最主要的任务。

> 图5 英国"默西河"号近海巡逻舰

> 图6 美国海岸警卫队汉密尔顿级巡逻舰

海警船的执法区域与编号

海警船是在海上及内河上的执法船只，通常配备有自卫武器，是海上执法利器，代表着国家巡视领海海域，具有神圣的使命和尊严。海警船有自己的执法区域和编号规则。

海警船执法区域

海警船的执法区域主要在领海及各国主张管辖的与领海相连的海上专属经济区海域。

> 图7 中国海警船

领海是指沿海国主权管辖下与其海岸或内水相邻的、一定宽度的海域，是国家领土不可分割的组成部分。领海的上空、海床和底土，均属沿海国主权管辖范围。

领海基线是指沿海国官方承认的大比例尺海图所标明的沿岸低潮线，以此为基准向外计算领海，我国公布的领海为12海里。

毗连区也称"连接区""特别区""保护区""补充区""尊重区"或"专门管制区"，是指邻接沿海国领海范围之外一定宽度的海域，是保护沿海国权利和利益的重要海域。毗连区从测算领海宽度的基线起不超过24海里。

专属经济区又称"经济海域"，是指国际公法中为解决国家或地区之间因领海

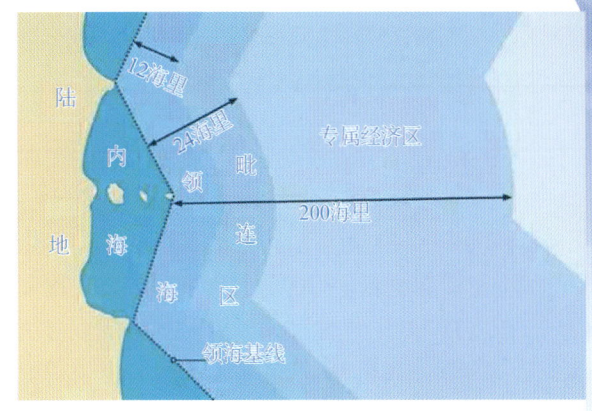

> 图8　领海、毗连区和专属经济区图解

争端而提出的一个区域概念。专属经济区是指领海以外且邻接领海的一个区域，专属经济区从测算领海宽度的基线量起，不应超过200海里（370.4千米），除去离另一个国家更近的点。

> 图9　法国"G1111"巡逻艇

海警船的编号规则

不同国家海警船编号有不同的规则和要求。例如，法国海警船按任务分三种：以P开头的为近海巡逻艇，以G开头的为港口巡逻艇（与内务部边境警察署共用），以DF-P开头的为缉私救援打捞艇（与法国海关共用），如有橘红色涂装标志，则需要承担危险化学品护送任务等。

从现在海警船编号看，中国海警船是按区域和吨位划分，即根据船所在海区采用四位或五位数编号。如采用四位数，则第一位表示所属海区（目前规定1为北海、2为东海、3为南海），第二位代表船的吨级，第三位和第四位代表船的编号；如采用五位数，则第一、二位代表某海区（省份）支队，第三位代表船的吨级，第四、五位代表该船的编号（一般用该船以前的编号，如有重复可重新编号）。中国海警"2106"船的编号表示该船属东海海区，1 000吨级，编号为06。

> 图10 法国"P671"巡逻艇

第1章 海上执法队——海警船

> 图11 法国有橘红色涂装标志的巡逻艇

> 图12 中国海警船

美丽装束
海警船的外观

海警船外观雄伟挺拔、威武神圣又庄严!

在道路上执法的警车,我们每个人都很熟悉。警车的车身部分有明显的"公安""警察""POLICE"等字样,还有警徽及特有的蓝色条纹。

作为海上交通执法工具,海警船在外观上也有明显的标识。凭借外观标识,可以让行驶在中国海域的船舶立即识别出中国海警船。

  中国海警船的外观和标识

中国海警船统一采用白色船体,并有

> 图13 警车的外观

红蓝相间条纹、中国海警徽章和"中国海警CHINA COAST GUARD"标识。

海警船外观非常醒目,既庄重又威严。

> 图14 中国海警船的外观和标识

国外海警船的外观和标识

其他国家的海警船与中国海警船外观标识类似,均在船身两侧表明所属国家。

美国

船体采用白色涂装,桅杆为黑色,编号和标识在船头两侧,标识用一宽红、一窄蓝斜条纹,中间一条条纹。

> 图15 美国海警船的外观和标识

> 图16 日本海警船外观和标识

日本
船体统一为白色涂装，编号和标识在船头两侧，标识为三条蓝色的斜条纹，船身标有"海上保安厅"和"JAPAN COAST GUARD"标识。

俄罗斯
俄罗斯海岸警卫队的海警船，船身为上白下黑蓝，标识用白、橙相间的条纹和俄语文字标识，编号在船头两侧。

> 图17 俄罗斯海警船外观和标识

法国

法国海警船船体均为灰蓝色，两侧涂装有法国国旗和蓝、白、红三色条形，编号在船头外侧。

> 图18 法国海警船外观和标识

韩国

韩国海警船统一采用白色船体，以蓝、黄、红相间条纹为图案，舷号在船头两侧，正中部有海警徽章和"KOREA COAST GUARD"标识。

可以看出，每个国家的海警执法船均在船舶两舷明显位置设置醒目的标志，均有条纹和舷号，方便辨识。

> 图19 韩国海警船外观和标识

功能区域

海警船主要功能区

海警船随着吨位及执法功能差异,船舶主体结构会有一些差距。千吨级以上的船舶,尤其是3 000吨以上的船舶,根据执法需求的不同,主要功能区也略有不同。3 000吨及以上的船舶主要分为3个功能区:生活指挥驾驶区域、机舱区域和综合执法区域。

3 000吨级以上的中国海警船一般设置直升机起降平台和机库,即使距离船舶有一定距离,也较易识别。另外,船身标有"中国海警CHINA COAST GUARD"字样,在执法过程中,较易区分。

> 图20　大型海警船主功能区划分

其他国家超过 3 000 吨以上的海警船与中国海警船主要功能区域划分大致相同,如美国大型海警船也可清晰地看出 3 类功能区域。

小型海警船执法区域一般在近海区域,其吨位及空间都很小,主要功能区域是综合执法区,不设置直升机或执法艇。

由于大型海警船主要功能区多,分布比较明显,而小型海警船或艇功能区较大型海警船功能区少,因此下面主要介绍大型海警船的机舱区域及综合执法区域。

> 图21　美国海警船主要功能区划分

机舱区域

机舱区域是船舶推进系统的主要区域,是全船动力的主要来源,主机、发电机、锅炉等设备均布置在此。高大的烟囱是为主机和柴油发电机等排烟而设计的。有了动力系统,海警船可以快速前进,也可以灵活转弯,同时还可为其他设备提供动力。

综合执法区域

执法艇设置的区域非常灵活,可以设置在舷侧靠近船舯部分,也可以设置在艉部区域,保证执法艇安全收放。

直升机区域位于船舶的中后部,一般由起降平台、直升机库及助降保障设备组成,有些海警船由于位置空间受限,仅设置起降平台和必要的助降保障措施。

> 图22 执法艇存放区域

> 图23 直升机起降平台及机库

第1章 海上执法队——海警船

> 图24 艇架回收执法艇

第2章
海警船的使命
—— 巡航维权,打击违法犯罪

对沿海国家来说，海警船的主要任务基本相同，即维护领海、岛域及其所属海域的主权，实施人道救助，同时还肩负着打击海上犯罪、走私等任务。

> 图25 中国海警船肩负使命，巡航维权执法

第2章 海警船的使命——巡航维权．打击违法犯罪 | 21

中国海警船

中国海警局依法履行海上维权执法职责，行使法律规定的公安机关相应执法职权，包括执行打击海上违法犯罪活动、维护海上治安和安全保卫、保护海洋资源开发和海洋生态环境、海洋渔业管理、海上缉私等方面的执法任务。这一规定明确了中国海警船的使命任务。

中国的海域十分辽阔，有"四海"之称。执法区域在中国的领海及其专属经济区，位置极其重要，守卫好中国的海域就是守卫祖国大门的安全。长年守卫在沿海海域上的中国海警船，它们是坚强的勇士，以神圣的尊严、犀利的目光和坚硬的身躯坚守在海上，时时刻刻肩负着维护国家主权和祖国海疆的使命，担负着保护人民生命财产安全的职责。因此，中国海警船及海警战士被人民誉为"海洋卫士"。

> 图26 巡航在祖国领海上的中国海警船

> 图27 中国海警船在中国管辖海域巡航

巡航维权执法

中国海警船是维护我国领海及海洋主权安全的执法者,承担着重要的职权。

维权事例1:使命担当

中国海警船的使命是维护国家的领海主权和海洋权益。例如,中国大型海警执法船入列后,立即亮剑东海和南海担当使命,巡航维权执法。在2017年4月,中国海警船开赴南海西沙海域执法。自4月11日起,历时19天,通过绕岛观察和无人机航拍手段巡视了12个岛礁、登岛巡查了15个岛礁,对岛域情况开展执法检查,掌握了岛屿及其周边海域生态保护情况,并及时发现和查处违反海域使用的相关情况。

> 图28 中国大型海警船首航南海海域

> 图29 海警执法人员勘察岛礁上中国主权标志维护情况

> 图30 执法人员在甘泉岛巡查

> 图31 中国海警船在东海巡航执法

> 图32 中国海警船编队巡航执法

维权事例2：维权先锋——"中国海监83"船巡航执法

在维护中国海洋主权执法队伍中，有一艘"维权先锋"，这就是"中国海监83"船。该船是当时中国海监队伍中最先进的海上执法船，载有直升机，可360度回转，具有强大的海空协同执法能力。

"中国海监83"船是一艘技术先进的

第2章 海警船的使命——巡航维权，打击违法犯罪

用。2013年转为中国海警船，曾多次亮剑东海和南海。

"中国海监83"船的船长年坚守在我国领海海域巡航，和其他海监船组成海上编队，执行定期和专项巡航维权任务，先后20多次担任编队指挥船，冒着成为被外方第一个攻击目标的危险，发扬特别能战斗、特别能吃苦、特别能奉献的精神，精心组织，密切配合，众志成城，英勇善战，多次出色地完成了国家赋予的海上使命和维权执法任务，被称为海上"维权先锋"。

> 图33 "中国海监83"船巡航东海

> 图34 中国海警船出海动员

执法船，具有各项功能系统先进、取证手段多样、快速反应能力强等特点。2005年入列后，不管春夏秋冬，在巡航执法维权、护航任务中都发挥了极其重要的作

时刻警惕，海上维权不放松

2006年6月，已在海上连续工作了37天的"中国海监83"船突然接到命令，要求它担任编队旗舰指挥船，赴东海执行东海油气田联合维权执法检查任务。"中国海监83"船上执法人员不顾疲劳，重点巡视了东海"春晓""天外天""平湖"三大油气田海域。巡航执法过程中，它驱逐了企图干扰作业的船只，出色地完成了这次维权执法检查任务，向世界宣示了中国维护国家海洋权益的决心和能力，进一步促进了定期巡航领海海域的巡航制度。

在2007年执行任务中，"中国海监83"船承担繁重的指挥通信联络任务，与编队其他海监船和直升机一起，不畏强敌，敢打敢拼，与30多艘外国武装船只展开针锋相对的维权斗争，有力打击了外国船只侵占我国海洋权益的不轨图谋。

"中国海监83"船入列的前五年，先后完成了对东海、南海定期维权巡航执法等专项执法行动，发挥了"海上保护神"的作用，为维护国家海洋权益不断做出贡献。

2012年5月8日，"中国海监83"船从三亚起航，开始了又一次的定期维权巡航任务。

船长和船员在驾驶室和各自的岗位上全神贯注，一边认真注视着雷达显示屏上的航行线路，一边用高倍望远镜仔细瞭望海面，时刻警觉地观察海上不断变化的情况。

2012年5月13日12时，"中国海监83"船发现一艘中型船由远方快速驶来，直冲"中国海监83"船。船长立即拿起望远镜仔细察看，随后马上向上级汇报情况。

那艘船很快逼近"中国海监83"船，船上年轻的女翻译举起话筒，用英语坚定有力地向对方提出警告："你船已进入中华人民共和国管辖海域，必须立即停止侵扰行为，中国对南海诸岛及附近海域拥有无可争辩的主权，你船必须马上离开！否则引起的一切后果，由你船负完全责任！"

但对方置若罔闻，冲着"中国海监83"船边行驶边无理地叫喊："'中国海监83'船编队，此海域主权归属我国，你们必须马上离开！"

我方仍以严正口气，再次发出警告。但该船仍不听劝阻，一意孤行地向我船快速驶过来。见此情景，我方毫不示弱，立即开足马力，冲上去！

两艘船越来越近，针锋相对之势已现，气氛也越发紧张。眼看距离越来越

> 图35　我国海警船时刻维护国家海洋权益

第2章 海警船的使命——巡航维权，打击违法犯罪

近，随时会发生碰撞，那艘船似乎意识到情况不妙，便迅速转弯，灰溜溜地离开了我国海域。就这样，"中国海监83"船凭借英勇顽强、无所畏惧的精神逼退了外国侵扰船只。

> 图36 "中国海监83"号船巡航

> 图37 中国海监船巡航维权

全天候的"巡航兵"

"中国海监83"船自入列后,巡航遍及中国大多领海海域,维护中国领海海洋主权和权益,这是中国海监船的神圣使命,也是义不容辞的责任。自2006年7月中国海监启动定期维权巡航执法工作后,将巡航区域扩展到黄海、南海海域,逐步成为全天候的"巡航兵",守护我国的海洋主权。

每一次出海巡航,"中国海监83"船都面临着严峻的考验,困难和惊险与他们相伴,披星戴月,风起浪涌,惊险随时都会发生。船员把这些看成是守卫海疆至高无上的荣誉和奋斗不至的情怀。

有重大任务时,"中国海监83"船出海、巡航执法总是一马当先,每年有一半以上的时间是在海上度过,为执行维权任务,船员们经常连续数周在海上巡查。

船员的生活是艰苦的,也是快乐的!整个船队为维护祖国的主权和荣誉,默默地奉献着!

> 图38 巡航中的"中国海监83"船

> 图39 "中国海监83"船巡航

维权事例3：巡航维权执法常态化

"中国海监50"船是一艘综合能力强、吨位大、航速快、科技含量高的巡航执法船，入列后，就将巡航维权工作纳入常态化，履行维权执法职责。

> 图40　中国海监船在东海海域巡航

> 图41　执法人员在我国钓鱼岛海域巡查

> 图42　中国海警船上每天清晨都举行升国旗仪式

海警船

 **打击海上及水上犯罪、护航搜救等**

中国海警船除了巡航执法维权外，还担负打击海上犯罪、巡逻检查、缉私、安全监督等任务。

中国海警船除了维权使命外，还担负着打击海盗和恐怖分子海上犯罪、水上走私等违法犯罪活动；对不明身份的危险船只进行检查、扣留；处理渔业事务纠纷；担负对外交流、协调、合作演习等任务。

事例1：打击犯罪，巡逻检查——奋战在湄公河上的联检巡逻船

公安边防巡逻船的任务，是守卫沿海和边防河流，维护社会治安和人民的生命财产安全，保护航道的畅通。

湄公河（中国境内河段叫澜沧江，流经老挝、缅甸、泰国、越南河段叫湄公河）是5级航道，暗滩较多，稍有不慎，便会搁浅。公安边防海警对这种危险航情严谨应对，遇有险滩时都要有两人持标杆在船头入水探测，同时还要持枪警戒，以防犯罪分子劫持。

在湄公河的中国公安边防联检巡逻

> 图43　湄公河上的守卫者——公安边防巡逻船

第2章 海警船的使命——巡航维权，打击违法犯罪

> 图44 公安边防联检巡逻船护航

> 图45 公安边防联检巡逻船在湄公河上护航（左侧为货运商船，右侧前2艘为中国巡逻艇，中间白色小艇为老挝巡逻艇）

船，担负着以打造"平安湄公河"为目标，开展联合巡逻执法，打击跨国犯罪活动这一重任。为建立中国、老挝、缅甸、泰国4国湄公河流域综合执法合作机制，自2011年12月10日起，至2017年止，4国联巡执法65次，总航行2 175小时，航程3.3万多千米，联检船只698艘次，人员3 555人次，货物5万余吨，救助遇险船只120艘、船员462人，为900多艘货运商船护航，查获毒品案件24起，缴获毒品740千克，查获走私案件14起。

这些战绩足以说明联检巡逻船在沿海和边境江河流域巡航执法、维护安全发挥着重大的作用。

联检巡逻船的开发和运用，为边检公安海警提供了打击了水上犯罪重要利器。

> 图46 湄公河水流急、航道复杂,性能良好的联检巡逻船定期巡航

事例2:海上消防、救助和抢险等

中国海警船还担负着海上消防、救助等任务。2015年6月24日至28日,由中国海上搜救中心牵头,组织参加了在马来西亚槟城举行的东盟地区论坛(ARF)第四次救灾演习,其目的是加强相互之间的交流合作,以利于海上消防、救助,应对突发事件。这次海上演习,东盟各国十分重视,把它看成是海上丝绸之路上新的友谊

> 图47 千吨级中国海警船参加东盟消防救灾演习

> 图48 中国海警船在海上执行消防救灾任务

合作之路。中国共派出5艘舰船赴马来西亚参加搜救演习,首艘千吨级中国海警船同其他船一起圆满完成了水面搜救任务,受到马来西亚及参加演习的东盟各成员国的一致好评。

监测、保护环境资源、驱逐非法船、维护海上作业安全

围绕创建世界命运共同体的大格局,确保"一带一路"的畅通和海上救护工作的顺利开展,中国海警船还要担负起对中国海洋的监测、环境保护、驱逐非法船只、保护海上作业、维护海上航行安全等重任。

事例1:保证作业安全

2011年7月9日,中国海监船接到上级命令——立即从停靠的码头向南海出发。这次行动是为我国"探宝"号船正常海上作业护航,因为之前中国"探宝"号船在南海作业时受到外国干扰而被迫停止。中国海监船根据指令,与另外4艘执法船组成编队,于16日清晨向"探宝"号船靠近。中午,4艘外国船只突然同时向

> 图49 中国海监船执行护航作业

"探宝"号船逼近,来势汹汹。中国海监船立即加速前进,提前阻拦。当时两船之间的距离越来越近,情势十分危急。我方人员临危不惧,一边用高频无线话筒高声义正词严地抗议,严厉斥责对方无视国际法的行径,宣示我国主权不容侵犯,令其立即离开;一边巍然屹立,坚守不让。外方船只企图从我方船艉部绕行,直接接近"探宝"号船,我方海监船迅速调整方向,组织拦截。经过长时间的对峙,外方船只无计可施,只好溜之大吉。在这次历时半个多月的护航行动中,中国5艘海监船始终坚守岗位,保护了国家利益,维护了祖国的尊严。

> 图50　中国海监船巡逻护航作业

事例2：驱逐非法船只

2012年2月18日早上,中国海监船前往我国东海管辖海域"春晓"油田,进行定期维权执法行动。其间,发现1艘外国船舶和1架飞机在距我国东海"春晓"油气田以东约20海里处,进行非法测量作业。我方海监船立即前往执法警告,令其马上驶离我国海域。随后又发现该国武装船只出现,企图为非法作业船只进行掩护,我国巡航执法船保持高度警惕,对其进行跟踪监视,直到2月20日早上8时左右,非法船只驶离中国管辖海域。

10时45分,我方海监船接到任务,全速驶向另一海域进行维权护航,而外国船只和侦察飞机却对其进行干扰。我方海监船毫不动摇,不为所惧,勇敢交涉,迫使其离开。中国海监船的维权行动坚定地维护了国家的海洋主权,保障了我国作业船的安全。

第2章 海警船的使命——巡航维权，打击违法犯罪

> 图51 中国海监船前往"春晓"油田执法

> 图52 我国海监船驱逐进入我国海域的外国渔船

事例3：保护海洋环境资源

除了巡航护航任务外，中国海监船还担负着保护海洋环境资源安全的重要任务。针对2011年3月11日日本东部发生9级地震，福岛核电站遭到毁坏，引发国际社会和中国民众的担忧。核辐射对中国海域和领土造成的影响程度如何，是民生关注的大问题。为稳定社会情绪，在国家有关部门的安排下，中国海监船在发生地震后，于3月17日从厦门港出发，前往指定海域进行采水取样，检验海水资源污染程度，圆满地完成任务。

> 图53 中国海监船执行任务

第2章 海警船的使命——巡航维权，打击违法犯罪

事例4：海上护航

一次"中国海监83"船等4艘船在南海为我国一艘勘探船执行护航任务时，凌晨2点左右，值勤人员发现雷达显示屏上有6艘外国武装渔船出现，试图突破我国编队防线，干扰破坏我国勘探船的正常作业。如果有船冲进来，就会导致勘探任务前功尽弃。紧急时刻，守卫在前面的中国海监船形成一条拦截线，全力抵住对方船只，与之相互对峙。随后"中国海监83"号船在船长指挥下，以勇猛果断的胆略向前冲了过去，最终逼退了外国不法船只。

> 图54 中国海监船执行海上护航任务

| 海警船

事例5：维护海上秩序、监督海域使用

2012年9月11日，接到上级下达巡航东海任务后，2艘中国海监船开赴东海钓鱼岛海域巡航维权执法，同时对该海域海洋环境与资源、海上设施、海上秩序、作业船只进行监督和维护，确保合理开发使用。

> 图55 中国海监船在近海进行巡航监测和监视

第2章 海警船的使命——巡航维权、打击违法犯罪

美国海岸警卫队海警船

 **海洋执法**

在和平时期，美国海岸警卫队担负着执行海洋法的职责，包括缉私、巡逻、海事安全、国土防御、资源保护和海洋研究等任务。

 **协助海军作战**

战争时期，美国海岸警卫队的海警船可迅速转换成美国海军的一部分，直接参与作战行动和执行各项军事任务，协助海军应对来自各方的威胁。

> 图56 美国海警船在巡逻

> 图57 二战时美国海岸警卫队舰船击沉日本"幽灵船"

反恐、打击走私等犯罪

当前全球反恐形势趋于紧张,美国海岸警卫队称其海警船是"御敌于国门之外"的利器,协助美军在国外执行着大量的反恐、保护港口、打击人口贩卖、打击毒品走私等任务。

> 图58 可执行多种任务的美国海警船

> 图59 美国海岸警卫队海警船上的直升机执行搜救任务

搜寻救助

例如,中国帆船航海家郭川2016年在大西洋失事,美国海岸警卫队海警船上的直升机接报后立即前往搜索。

另外,美国海警船也是美国对外扩界的重要利器。例如,美国正计划在北极建立海岸警卫站,将北极视为美国的重要"安全边界",并准备为海岸警卫队建造更多的大型破冰船。

> 图60 美国海岸警卫队破冰船在北极航行

第2章 海警船的使命——巡航维权，打击违法犯罪

日本海上保安厅海警船

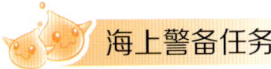

海上警备任务

主要任务是巡视领海港湾，维护海上安全；打击海盗和刑事犯罪、防止走私和偷渡、阻拦不明船只进入、取缔国内外船只的非法捕鱼作业；调查处理海上交通事故、海上重要设施和重要物资的运送警卫；与周边国家协作交流，共同维护海上秩序等。

> 图61 日本海警船在巡逻

海难救助任务

主要由海上防灾、救难、维护海洋环保等三部分组成。为迅速有效地执行海难救助,海上保安厅建立了包括卫星、船舶、飞机、无线通信、电台在内的海上立体搜救的预警体系,可进行24小时不间断收听,并立即采取相应措施。

> 图62　日本大型执法巡逻船"PLH31"

海洋环境保护任务

对发生在日本周围海域的海洋污染事件进行监控和处理,以保护海洋生态环境。

> 图63　日本海上保安厅正在进行救灾演习

第2章 海警船的使命——巡航维权，打击违法犯罪

海上防险救灾任务

由海上警务救难部负责，发生海洋重大自然灾害（如海底火山爆发、地震与海啸等）时，立即派出巡逻船、直升机前往现场展开紧急救援行动，可进行救助灾民、撤离伤患者、运输抢救相关人员和救援物资等任务。除了海难救助外，与其他缔约国定期举行海上联合搜救与防制污染等联合演习。

> 图64 日本消防船"FL01"

搜集海洋情报任务

对日本周边海域进行测绘、绘制海图，定期对海底地形、水深、潮汐、海洋潮流、天体位置等进行海洋科学研究，并定期测绘、编辑、出版各类海图、电子导航海图、水路志（航海指南）、潮汐表、航海（天文）等内容，供各航运单位使用。同时，还担负地形勘探，将资料提供给有关部门，以便开采海底资源。

> 图65 日本搜集情报船

第3章
海警船的"心脏"和执法利器

工欲善其事，必先利其器。利之在刃，威之在器。海警船执法好像一把利剑，"刃"好比先进技术，"器"好比高新设备，两者都是海警船不可或缺的。国内和国外的海警船，在技术设备上都有相同之处，但不同的船型又有不同的特性。

尤其近十年，我国对于海洋权益的保护意识越来越强，守卫属于中国领土的海洋，必须要有高性能的船舶，在广阔的中国海上执法巡航，以维护海洋安全。因此，中国海警船不仅在数量上有大的突破，而且在技术性能及设备上较之前都有大幅度的提高。

中国海警船上有很多极其重要的特殊装备，这些装备是巡航执法过程中必备的，它的威力就在于能有效地制止违法船只，是制胜的法宝。

海警船上的任何一个设备，甚至是一颗螺丝钉、一块木板都有自己的"班长"，即分属于不同的系统。海警船的主要技术设备有推进系统、直升机系统、执法艇系统、执法取证系统等。现在让我们走进海警船的设备系统，看看它们的威力吧！

海警船的"心脏"
推进系统

海警船在海上巡航执法，如遇到违法船只，船的性能、速度和设备功能的先进性就显得至关重要。推进系统如同人的心脏，推进系统有故障，船舶就只能进厂维修。简而言之，推进系统为船舶提供动力，是海警船在海上巡航执法维权的基础保障。一旦推进系统发生故障，船舶就会处于瘫痪状态，像一片树叶漂在海上，如果碰上恶劣天气，就会有船毁人亡的危险。

海警船的推进系统根据船舶吨位大小和航速要求不同而种类较多。我们在这里主要介绍两种类型，它们是几百吨及更大的海警船上常用的推进方式，分别为轴桨推进和喷水推进。

第3章 海警船的"心脏"和执法利器

> 图66 中国新型海警船

轴桨推进装置

柴油机推进

最早的船舶推进装置是帆船利用风力推进，内河的小船往往是靠人力拉纤。自从柴油机出现以后，柴油机驱动轴系带动螺旋桨为常规轴桨传统的推进方式。现代船舶常见的推进装置有低、中速柴油机经齿轮箱、离合器（或联轴节）间接带动螺旋桨的推进形式，该形式一般用于大中型高航速的海警船上。

电力推进

除柴油机驱动轴系外，电力推进也越来越多地应用在船舶上。电力推进，顾名思义为柴油机不直接驱动轴系带动螺旋桨，而是驱动发电机发电，电能驱动电机，通过轴系带动螺旋桨，或者将电机置于舵桨合一装置中，直接驱动螺旋桨。电力推进装置包含电力系统和推进系统两大模块。因此，电力推进的主要优点是电能可综合利用、推进效率高、船舶操纵性好。电力系统又发展成频率可变的变频系统，改变推进电机的输入电能频率，转速就会改变，推力也会随之改变。

电力推进系统由发电系统、配电系统、变频系统和推进器单元组成，主要设备有交直变频控制箱及推进电机（即推进马达）、推进器、原动机、发电机、主配电板、推进变压器等。

（1）原动机可包含多台中速或高速柴油机，用来驱动发电机。

（2）发电机电能被连接到一个共同的电网，进而连接到主配电板。

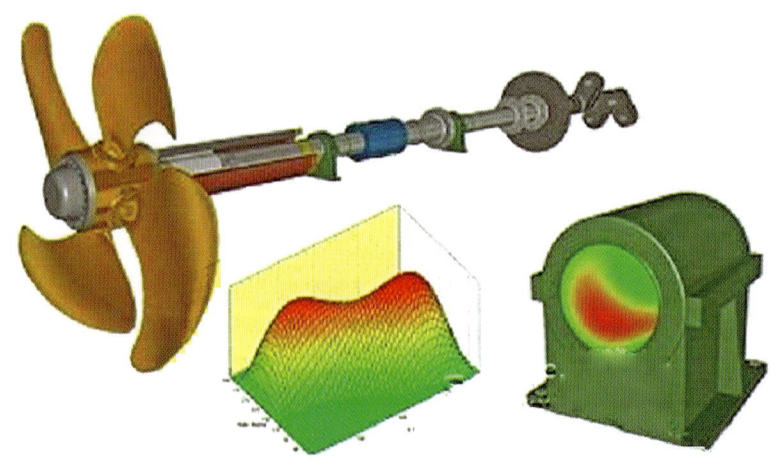

> 图67 轴桨推进形式

第3章 海警船的"心脏"和执法利器

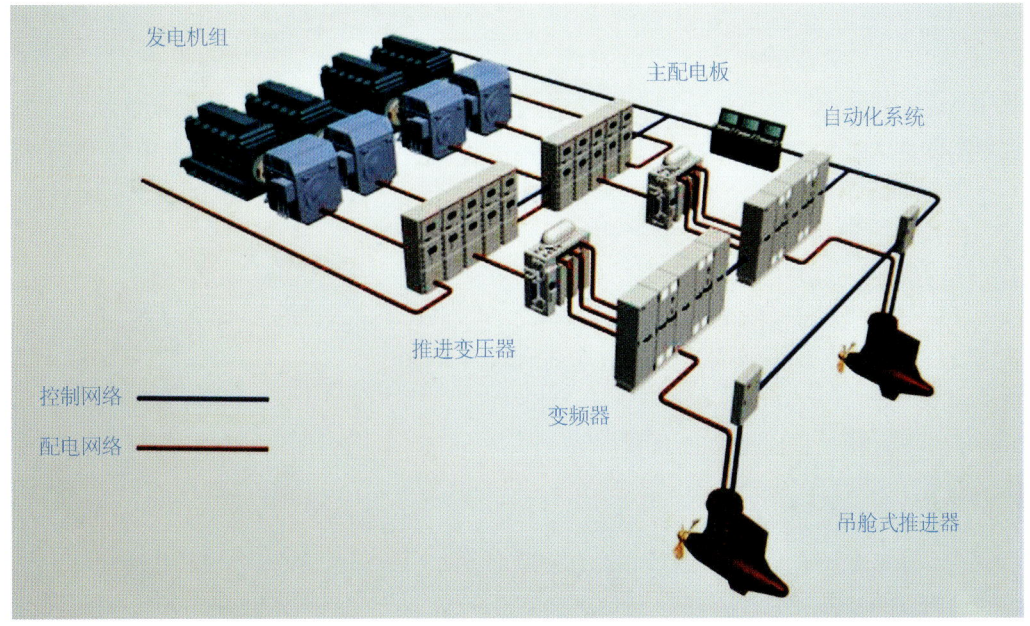

> 图68 电力推进组成示意图

> 图69 神奇的舰船吊舱电力推进装置可360°旋转

（3）主配电板通过功率管理系统（PMS）将电能分配到全船各用电系统，其中送至主推进电机的分支需经推进变压器移相或升压。

电力推进系统的优点在于可靠性高，动力配置灵活且方便，多台机组增加了生命力；噪声小，操作灵活。

在电力推进系统中，有一种特殊的推进方式——吊舱方式。该方式中电动机和螺旋桨组合装置吊装在船艉下部，并可360度水平旋转，构成独立的推进系统，既可推进，又可作为舵来使用。按螺旋桨的安装位置和数量又分为前桨（牵引）式、后桨（推）式和串列式等，以及对转桨、导管桨等多种形式的推进器。

吊舱式全回转舵桨合一电力推进装置技术，已在2005年中国设计建造的"中国海监83"船上率先采用，并取得了良好的效果，它的使用证实了此装置高超的优越性能。因该装置小巧、灵活、稳健，能原地360度旋转，通过操纵装置控制方向，现已运用到多型海警船和科考船上。

除吊舱式外，还有其他舵桨形式，如对转舵桨合一电力推进装置也是一种推进方式。

> 图70　对转舵桨合一电力推进装置

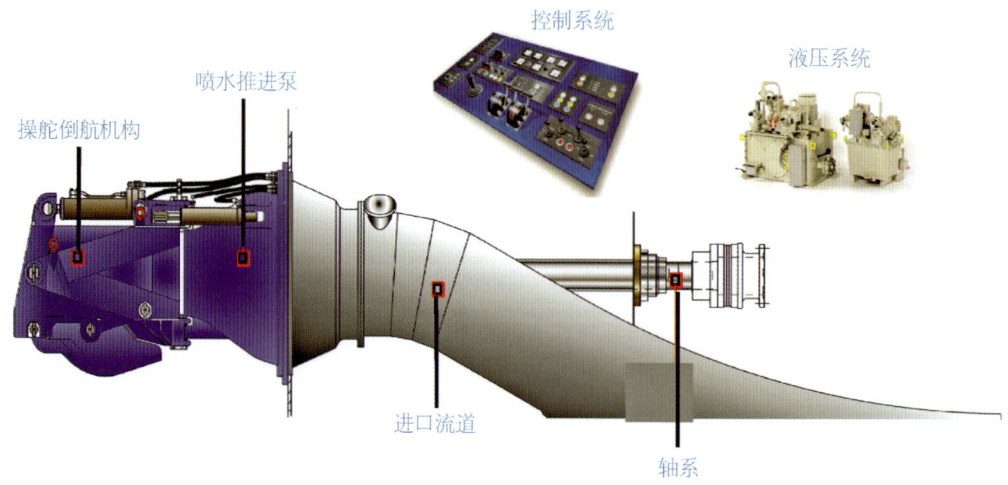

> 图71　喷水推进装置示意图

第3章 海警船的"心脏"和执法利器

 喷水推进装置——反推动力的威力

喷水推进与螺旋桨推进一样有数百年的发展历史，只是在近三十余年来才快速发展成熟。它利用喷水推进装置中的喷水推进泵，将水从船底格栅吸入，从船的尾部喷出，利用喷出高速水流的反作用力推动船舶前进；也可利用一个倒车斗，将水流前喷实现倒车；还可以改变活动喷口的方向，实现转向。所以喷水推进装置具有推进和操纵双重功能。喷水推进装置在中小型海警船上应用比较多，也应用在一些新型船舶上。

喷水推进装置通常由进水流道、推进泵、操舵倒航机构、液压系统和自动控制系统五大部分组成，推进泵是该装置的主体。

喷水推进与螺旋桨推进是两种完全不同的方式。

喷水推进装置具有以下优点：

（1）推进泵叶轮在管道中运转不易损坏，经过专门设计可以坐滩。

（2）推进泵叶轮在泵壳内受约束的水流中工作，进流较均整，因而运行相对较平稳，水下噪声小。

（3）在工况多变的船舶上，使用喷水推进，应变能力强，能充分利用主机功率，延长主机寿命。

（4）抗空泡性能强，尤其在高航速范

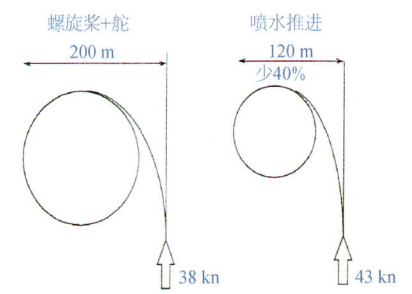

> 图72 喷水推进具有优异的操纵性能

什么是空泡

螺旋桨的桨叶是机翼形，叶背凸出，叶面平坦，所以当水流经过叶片时，在叶面处流速相对较低，而叶背处流速相对较高，就会出现压力下降，甚至真空，此时水会由于蒸发变成了一个空泡。

这种空泡沿叶背流过，在后面压力较高处，被压碎爆裂，对桨叶造成冲击，在桨叶表面会出现一个个麻点，影响推进效率，所以螺旋桨设计时要防止出现空泡。

围内使用，较螺旋桨推进有更高的效率。

（5）喷水推进有优异的操纵性和动力定位性能。

喷水推进装置虽有很多优点，但值得注意的是：在有水草或杂物较多的水域，进水口易出现堵塞而影响航速，因而在设计使用中应加强防护措施。

我国20世纪80年代已开始研究喷水推进装置，并运用喷水推进理论设计了我国第一艘公安边防喷水推进巡逻艇，航速达每小时82千米，在边防巡航维权中发挥了重要作用。

减小横摇

减摇鳍和减摇水舱

船舶在行驶中要保持相对平稳，减小船舶的横摇十分重要。千吨以上的海警船一般都有船载直升机，要保证船载直升机安全系固、起降平稳；执法取证时，部分仪器设备也需要船舶平稳；在恶劣海况下航行时，要保障船员的工作效率。那么，如何保持船体相对平稳呢？这就需要有减摇鳍或减摇水舱装置。

 "欹"和"鱼翅"的故事

"欹"（qī）是个什么样的东西呢？在参观故宫殿堂或祭祀的庙宇时，总会看到殿堂两旁放着一种很怪异的物件——"欹"，那么它有什么作用呢？

"欹"是古代一种盛水的器物，它的用意是让人做事保持"中正"。这个物件在中间稍低一点的地方两边有一个耳轴，绳系在耳轴上，悬挂在一个造型优美的架子上，重心在罐耳以下。由于重心偏下，无论怎样摆放，"欹"总是倾斜的，当往里面注水注到一半时，"欹"就会垂直平稳得端端正正。若往"欹"里注满水，由于重心上移，它就会倾倒。

同样，我们日常生活中看到水中活蹦

> 图73 保持中正平稳的"欹"器

第3章 海警船的"心脏"和执法利器

乱跳、自由自在的鱼为什么能平稳地在水中游动？从鱼的天然构成上讲，鱼身下面有两个小翅，这两个小翅作用特别大，能帮助鱼在水中自由平稳地游动。鱼死后，两个小翅就不会动了，鱼也就不会游动而平躺在水中了。

从器物"欹"到动物中的"鱼翅"，科研人员根据事物特性和仿生学研制了"减摇水舱"和"减摇鳍"，将其安装在大船上，使船保持相对平稳状态。

> 图75 鱼在水中自由自在地游

> 图74 千吨级以上的海警船运用减摇水舱来减小船的横摇

> 图76 在船两侧像鱼翅一样的减摇装置

减摇鳍

减摇鳍是帮助船舶航行时保持平衡的一对人造"鱼翅",对减小船舶在风浪中航行的横摇起着重要的作用。减摇鳍是目前效果最好的减摇装置,装于船舯两舷舭部,剖面为机翼形,又称"侧舵"。使用时,通过操纵机构转动减摇鳍,水流就会在减摇鳍上产生作用力,而形成减摇力矩,通过传感器和控制系统,可以使减摇鳍产生与船舶摇摆方向相反的力矩,从而使船体减少横摇。减摇鳍的使用效果还取决于船体大小和航速,航速越高,效果越好,故多用于高速船舶。

减摇鳍有两种类型,即收放式和非收放式。

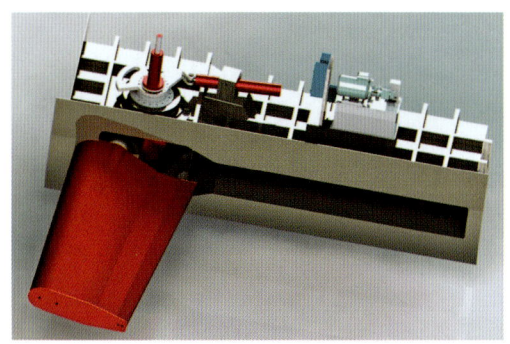

▷ 图77 收放式减摇鳍装置

▷ 图78 伸出状态的收放式减摇鳍装置

▷ 图79 回收状态的收放式减摇鳍装置

减摇水舱

与减摇鳍有同样效果的减摇水舱也是船上的减摇设备,用来减小船舶的横摇。减摇水舱在船舶航速较低时减摇效果明显。

减摇水舱有三种类型:主动式、被动式和可控被动式。从减摇效果和经济角度来讲,可控被动式用得较多。减摇水舱的原理是利用其左右舷侧水舱液位高度不同而产生的横摇复原力矩来抵消波浪扰动使船舶横摇的力矩。简单来说,在船体两侧设有两个相通的水舱,并有一个相互连通的水道,当外面的波浪冲击船体右侧时,船向左侧倾斜,水舱中的水就会向右面的水槽流动;反之,亦然。两侧水舱上面有几根左右相通的空气管道,管道上装有控制阀门,开闭这些阀门,可以使装有水舱上部空气流通畅通或受阻,从而使下部水道中的流水畅通或受阻,使左右水舱中的水来回运动的周期发生变化。当这一周期调整得与船横摇周期一致但反向时,就会使横摇幅度大大减小,这样相互作用保持船体相对平衡状态。这就是被动式减摇水舱的特有作用,目前这一技术已得到广泛应用。

减摇鳍或减摇水舱的效果

减摇鳍或减摇水舱装置对船舶航行有多种作用:能够减小船舶的横摇;提高船舶在风浪中的航速;能有效地保持船载直升机的系固平稳和起降安全;由于减小了横摇,可避免货物碰撞及损伤;能节省燃料,提高船舶设备的使用寿命;还可进一步改善船上的工作条件,提高船员的工作效率等。

从保证特殊作业的平稳性来说,减摇鳍或减摇水舱与海警船上的直升机系固有直接关联。试想,在风浪大的情况下,海警船如不能保持平衡稳定而发生大的横摇,直升机还能够起降及安全系固在船上吗?除此之外,船的平稳性也决定着观测仪器在执法过程的准确使用等。因此,减摇水舱或减摇鳍对海警船的安全使用有着十分重要的作用。

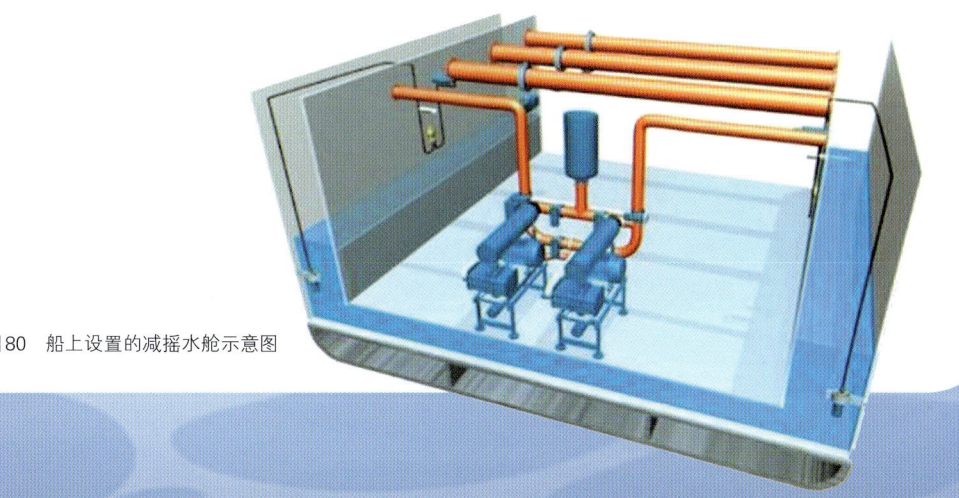

> 图80 船上设置的减摇水舱示意图

如虎添翼
直升机海空一体执法体系

现代大型海警船上配备有直升机,就形成了全方位海空一体化维权执法体系。直升机系统则是一体化执法体系中不可或缺的部分。海警船上配备直升机,加强海警船在执法过程中的快速反应机制,对于被执法对象产生强大的威慑力,是中国远海执法的必要设备。配上了直升机,对于海警船而言,可谓如虎添翼。

为了保障直升机在船上的安全,船载海上直升机保障系统主要有起降平台、助降系统、机库、维护保养系统等。

> 图81 海监船载直升机在海上执行任务

第3章 海警船的"心脏"和执法利器

> 图82 直升机在船上降落

> 图83 直升机降落系固在船上

起降平台——飞向海天

起降平台是直升机在船上起飞及降落的专用平台，由于直升机起降时，对于净空要求非常高，因此起降平台及其上方对于障碍物的要求也非常严格。另外，平台上会有醒目的"H"标志，飞行员可从空中清楚地看到起降平台的位置，以便调整姿态，安全降落。平台四周设置安全网，当直升机起降时，安全网倒向船外，增加直升机在起降过程中的安全性。

> 图84　起降平台

> 图85　直升机着船格栅在甲板正中央

第3章 海警船的"心脏"和执法利器

> 图86 直升机上的鱼叉-格栅着船装置

> 图87 鱼叉与格栅配合使用

由于船上空间有限，在海况高时，直升机在起降平台上降落难度增加，为防止船载直升机着船失稳而发生倾覆，或与船上设施、舱室等发生碰撞毁损，或惯性滑移后掉入水中，这不仅要求驾驶员有高超的驾驶技术，而且必须借助专门的着船装置——鱼叉-格栅，以解决船载直升机在海况较高情况下着船稳定问题。之所以叫"鱼叉-格栅着船装置"，是因其发明者最初是从鱼叉的使用中得到的启发。

鱼叉-格栅着船装置由两部分组成：直升机机腹的鱼叉锁紧机构和格栅（即船舶起降平台降落区中心圆形网栅状设备），类似渔网的很多小孔，此设备适用于中、小型直升机。

直升机夜间在起降平台起降时，为方便飞行员发现其边缘轮廓，在起降平台四周设置边界灯。

> 图88 起降平台

小贴士

什么是鱼叉锁紧机构

鱼叉锁紧机构的外形像一个鱼叉，由飞行员操纵，液压驱动，可伸出或缩进。直升机在着舰前、接近平台一定高度时，飞行员放下鱼叉锁紧机构。着船时，机轮一接触飞行甲板面，飞行员立刻操纵鱼叉锁紧机构将其伸出，插入舰上的格栅内，锁钩与舰船上的蜂窝状格栅啮合，锁销立即锁定，实现平稳着船。船载直升机复飞时，飞行员只需操作系统，便可使鱼叉锁紧机构的锁销与格栅脱离而起飞。

助降系统

直升机助降系统是着船的向导,是非常复杂的指挥控制系统。这里仅介绍助降系统中最基本的下滑及横摇指示系统。

直升机降落在直径仅为旋翼长度的起降平台上时,还必须考虑船舶的运动姿态。直升机需要与航行中的海警船保持相对静止,这样才能保证直升机平稳地降落。

下滑指示器是利用光束引导直升机以正确航向指引下滑。下滑指示器分别发出红、绿、黄三种引导光束。光束下层为红色,表示下滑角偏低,且红灯不停闪烁发出警报;中间层为绿色,表示下滑角正常,可以安全降落;上层为黄色,表示下滑角偏高,不能降落在船上。直升机只要一直沿着绿色光束的中心线飞向母船,就可以安全降落。

> 图89 从母船上看直升机降落

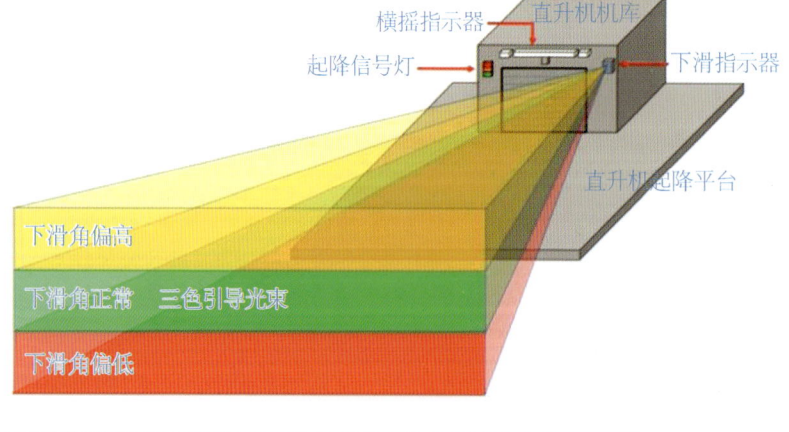

> 图90 下滑及横摇指示器引导直升机降落示意图

第3章 海警船的"心脏"和执法利器

> 图91 下滑指示器

> 图92 横摇指示装置

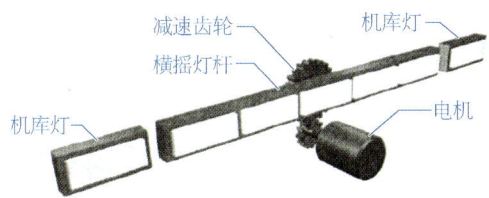

> 图93 横摇指示器示意图

下滑指示器具备一定角度内的横摇纵摇补偿机构。

横摇指示器结构为一字形,由一根带有稳定装置的长灯杆及两侧固定的短灯管组成。工作原理是利用横摇指示灯光与固定灯光之间的偏角向直升机驾驶员提供船横摇方向及横摇角度信息,保证直升机在降落时准确直观地掌握起降平台的姿态,确保安全降落。

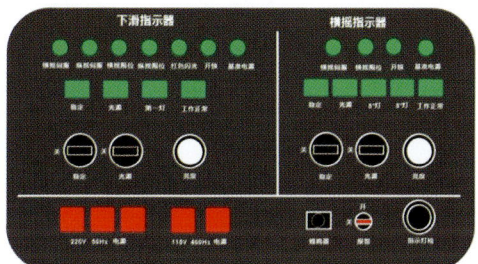

> 图95 直升机助降系统控制仪面板

> 图94 横摇指示器

船载直升机助降控制仪面板

总控制面板负责助降系统稳定机构(陀螺稳定仪等)的开启和关闭功能。指示器控制面板主要负责下滑指示器和横摇指示器的工作状态和灯光信号控制,辅助直升机驾驶员助降操作。

保养保障重地——机库

机库是用于停放直升机并进行维护、保养及飞行前准备的重要航空保障区域,对于船载直升机保持良好的工作状态和高效的出动、回收能力至关重要。

机库

机库一般位于船舶中后部,起降平台前方。直升机在起降平台降落后,利用牵引设备,将直升机牵引到机库。

机库的长度、宽度及高度主要取决于机库内停放船载直升机的类型、数量和功能,还需结合船舶的吨位及主尺度设置。

直升机的维护保养

按照机库内停机区的分布特点,在机库周围设置航空煤油、压缩空气及氮气等补给保养区域。机库两侧设置直升机修理区、维护维修房间及直升机机组人员休息室,以方便直升机维护保养。

机库的安全保障

机库作为船载直升机停放处所,其安全性至关重要。一旦发生火灾、爆炸事故,会危及整船安全。因此,机库内必须配备有效的安全、消防设施。

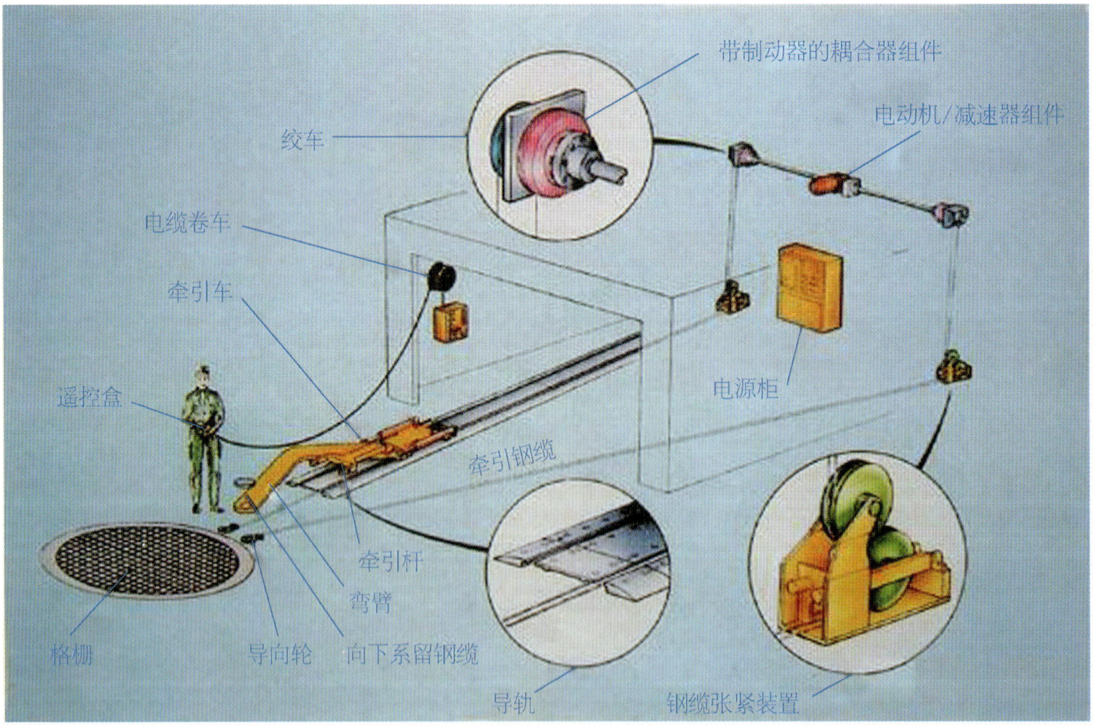

> 图96 机库平台功能图

第3章 海警船的"心脏"和执法利器 63

> 图97 船载直升机机库

> 图98 机库安全设施示意

机库类型

海警船机库类型一般多为单机库或双机库。

单机库：机库内可容纳一架直升机，设置一扇机库大门。一般在中型海警船上应用较多。

双机库：双机库可以分为两种，一种为2架直升机分别放在两个独立区域，两个区域之间由舱壁分隔开，设置2扇机库大门；另一种是设置2架直升机存放在一个区域，设置1扇机库大门。

> 图99 单机库

> 图100 双机库

维护保养系统

直升机维护保养是保证直升机在海上安全执行任务的必要保障。直升机每次降落,待直升机的螺旋桨停止转动后,需要将直升机固定在船上,这就需要系留设施;接下来需要冲洗直升机机身上的海水,防止海水腐蚀。若直升机执行完毕当天的任务,则需要"送到"机库中,进行进一步的保养。"送到"机库,需要直升机牵引设施;进入机库后,还需要将直升机固定在机库内。直升机保养有一套复杂的程序和多项设备,这里仅介绍直升机系留设施和牵引设施。

船载系留设施

船舶在海面上航行,在风、浪、流的作用下,朝各个方向都会有运动。因此,在海警船上,只要直升机停下来,就必须被牢牢绑住。在船上,将"绑"这个动作称为"系留"。起降平台及机库内均设置了相对应机型的系留座和系留索具。系留设施可以保障直升机在海警船上被稳稳地固定。

牵引设施

直升机从起降平台到机库,需要设置牵引设施。牵引设施是将两根或若干根钢丝绳与直升机前后牵引点固定,钢丝绳的另外一端与牵引绞车相连,通过绞车慢慢拉动钢丝绳,将直升机匀速牵引到机库中。

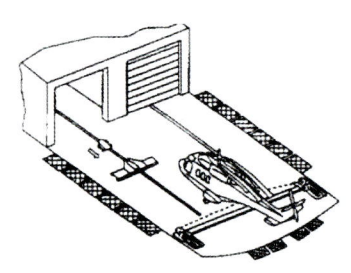

> 图102 牵引设施示意图

> 图101 直升机甲板系留

第3章 海警船的"心脏"和执法利器

快速出击
船载执法艇

在中国远海的岛礁区域，海警船如何形成全方位海空一体化维权执法体系呢？抑或在某些浅水区域，如何形成一体化，达到快速出击、直达现场维权执法呢？船载执法艇是这个一体化执法体系中不可或缺的组成部分。

> 图103 中国海警船载玻璃钢执法快艇（箭头所示）

> 图104 船载执法艇在海上执行任务

> 图105 外国船载执法艇

船载执法艇一般设置在船舶的中部或中后部,方便执法艇收放。船载执法艇长度一般在6～13米,这个长度的艇,重量较轻,吃水较浅,行动灵活、航速快,可在水深1米左右的水域航行,增加了中大型海警船执法范围,弥补了中大型海警船由于吃水深而不能去浅水区执法的不足。

那么船载执法艇是如何固定在海警船上,又是如何到海中的呢?这就需要船载执法艇收放装置。

船载艇收放方式主要有两种:一种是采用吊艇架的方式,将艇从船舷两侧吊到水面;回收时,同样借助于吊的形式,将艇吊离水面后,固定在船舷两侧。

另一种方式是艉滑道方式,即在船艉部,采用倾斜滑道方式,利用工作艇自身

> 图106 执法人员乘船载执法艇巡视

> 图107 正在吊放工作艇的艇架

> 图109 滑道在工作时，部分滑道伸到水中

舣滑道技术在国外的海警船上应用广泛，如美国海岸警卫队、欧洲部分国家和新加坡海岸警卫队都有使用先例。

> 图110 国外海警船上的舣滑道

> 图108 执法艇释放到海中

重力，将工作艇释放到水中；回收时，执法艇带着一定的速度冲入滑道后，利用钢丝绳和绞车将执法艇回收到母船上，或者利用传送带原理，依靠滑轮摩擦力将执法艇传送到母船上。

小贴士

吊艇架

吊艇架简称"艇架"，是船上用于起降救生艇或工作艇的专用设备。一般位于船甲板的两边，平时在船舷内，用时伸出舷外，将艇吊起或下放。

利器

执法设备

执法设备是海警船上重要设备，是为了威慑违法船只，让其停止违法行为；或者在必要时候，采用强制性的手段强迫违法船只停止其行为。取证设备，顾名思义就是对违法船只的违法行为进行取证的设备，也是海警船特有的执法设备之一。

随着海警船职责分工明确，海警船上装备了武备系统。这里执法设备仅介绍除武备系统以外的执法系统，一般为非杀伤性，主要包括强光、强声设备和水炮。取证设备主要有光电跟踪取证设备等。

一般来说，执法人员通过光电平台"锁定目标"、强声设备"喊话"、强光设备"照射"、水炮"攻击"等多种手段，对海上违法船只进行执法。

 **锁定目标——光电跟踪取证设备**

海上取证是海警执法过程中的必要手段。为了维护海洋权益，必须要提供令人信服的证据。在生活中，我们熟悉的电子警察，就是提供违法证据的取证设备。一旦被电子警察拍到，我们都会乖乖地交罚款，不会再进行争辩。海上同样也需要这样的取证设备，并且需要具备动态跟踪取证功能。因为茫茫大海中不具备设置多处摄像头的能力，只有在海警船上设置光电跟踪仪才能满足在海上执法取证的需求。海上执法对象可能是我国公民，也可能是邻国船只，因此在执法过程中，跟踪取证是必要的手段。

光电跟踪设备是连续跟踪并测量运动目标轨迹参数的设备。自动跟踪系统的目标是以一定加速度运动的船舶、飞机等，自动跟踪系统可提供运动目标的空间定位、姿态及性能，是运动目标的多功能高精度的跟踪测量手段。

> 图111 装在船上的光电跟踪仪

第3章 海警船的"心脏"和执法利器

光电跟踪设备操作端设置在驾驶室或专门房间,执法人员只需要在终端显示器屏幕上进行观察,对于可疑目标进行锁定、跟踪取证即可。

 强声设备——声波定向驱散器

声波定向驱散器是指声波在指定方向传播,可用于民事和军事。在民用方面,主要用于驱散机场、高铁、农场等区域成群的鸟类。军事方面,主要用于边界防御。在海警船上,主要是利用高能量的强音频干预对方违法船只指挥人员的听觉,迫使违法船只停航。

 **照射——强光灯**

强光灯一般设置在海警船驾驶室顶部区域。强光灯照射目标远,具有高清晰度,由于强光灯光束是灯柱形式,而不是像我们日常使用的手电筒光束发散,因此可看到远处灯柱范围内物体。同时随着控制技术的发展,强光灯也已经越来越智能,可以自动巡控、自动启停,可识别远方障碍物的动态变化。当然,在执法过程中,对于违法船只,在被执法对象不听从劝告的情况下,用强光直接照射违法船舶的驾驶室,可使驾驶员暂时炫目,看不清前方物体,而迫使其停止航行。

 **"攻击"——水炮**

在中国海区域巡航执法是我国海警船的使命和任务,在巡航维权执法过程中以正义的立场进行威慑,不需要一开始就进行武装对抗,因此水炮在海警船上的主要

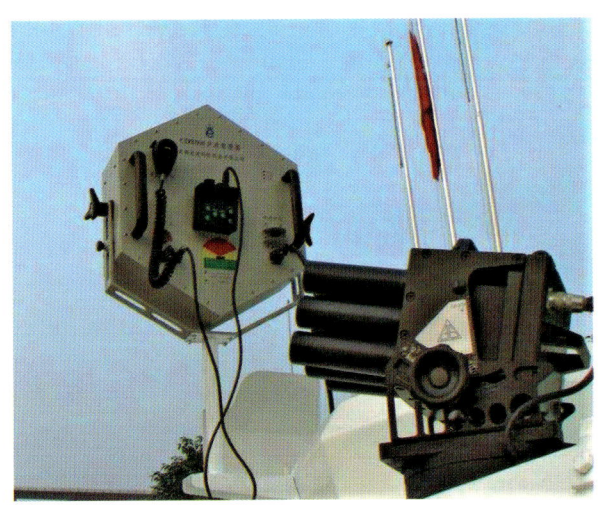

> 图112 强声设备

> 图113 强声激光一体设备

> 图114 海警船执法时利用高压水炮冲击违法船只

功能是平时对海上设施实施消防作业，紧急情况下，可通过水柱威慑违法船只。

有了这些设备，海警船在执法过程中如虎添翼，可以很好地威慑海上违法船只，捍卫我们美丽的领海和海洋安全。

"夜鹰的眼"——红外线热像仪

红外线热像仪是一种先进仪器，它就像夜鹰的眼睛，洞察万物，是一种能在微弱光线的情况下取得良好效果图像的重要取证工具，目前已经应用到公安警用执法、边防海防监控、口岸码头监控、医疗、辨脸识别、汽车、无人超市、森林等多个领域，在军事和国防上也有使用。

在海警船上不但装置光电取证仪，还装有夜视红外线热像仪，其主要是以影像增强器为核心器件的夜间外向瞄准器具，不用红外探照灯照明目标，而是利用微弱光照下的目标所反射的光线，通过影像增强器在显示器上增强为人眼可感受到的图像来观察和瞄准目标。这种仪器依靠目标自身的红外辐射形成"热图像"，故被称

第3章 海警船的"心脏"和执法利器

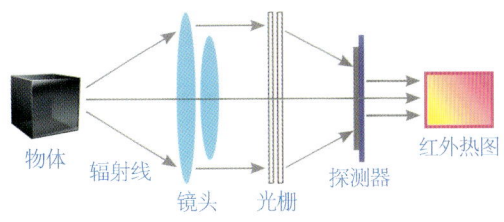

> 图116 红外热像仪工作原理图

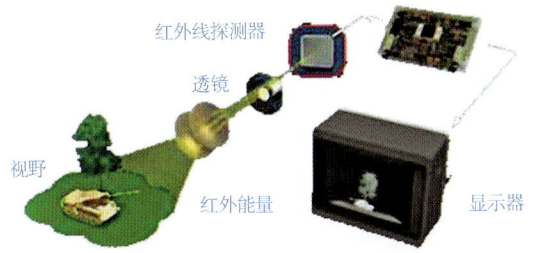

> 图115 夜视仪工作流程图

为"热像仪"。

该仪器主要在夜间航行巡视周围和前方目标，同时在取证时利用微弱的光通过夜视热像仪装置清晰地发现目标，既有利于船舶的航行，又能取得翔实的证据。

海警船上用的夜视红外线热像仪有多种，可以根据不同环境选择使用。

小贴士

红外热像仪

红外热像仪是将物体发出的不可见红外能量转变为可见的热图像的仪器。热图像上面的不同颜色代表被测物体的不同温度。通过查看热图像，可以观察到被测目标的整体温度分布状况，从而进行下一步的判断。

现代热像仪的工作原理是利用红外探测器、光学成像物镜和光机扫描系统，接收被测目标的红外辐射能量，将分布的图形反映到红外探测器的光敏元件上，在光学系统和红外探测器之间有一个光机扫描机构，对被测物体的红外热像进行扫描，并聚焦在单元或分光探测器上，由探测器将红外辐射能转换成电信号，经放大处理、转换或标准视频信号再通过电视屏或监测器显示红外热像图。

第4章
砥砺前行，奋勇直追
——中国海警船的发展历程

海警船

我国海警船的研制和开发，经过了几代人的努力，是在军船和民船的基础上综合发展的。今天，我国海警船已成为劈波斩浪、驰骋海疆、维护海洋主权和海上安全的英勇战队。

1982年以前，我国研制的巡航舰船以沿海和近海防御性船型为主，中国海上巡航执法基本上是由海军舰艇和公安边防海警船承担；1982年8月，中国海洋环境监视监测船队成立；1999年1月，海监总队挂牌，组建了海监巡航执法船队；2013年7月，中国海警局成立，开启了以中国海警船巡航执法的新阶段。所以，从整个巡航执法船的发展过程看，可分为四个阶段。

**第一阶段
模仿制造**

1949年4月，人民海军成立
1951年，公安边防海警成立

1949年4月 ———————————— 1982年8月

> 图117 中国海警船劈波斩浪、驰骋海疆

第4章 砥砺前行，奋勇直追——中国海警船的发展历程

第二阶段
重点研发

1982年8月，中国海洋环境监视监测船队成立

第三阶段
创新发展

1999年1月，中国海监局成立

第四阶段
高新技术

2013年7月，中国海警局成立

1999年1月 —— 2013年7月 —— 至今

> 图118 中国海上海警船的演变

海警船

艰难负重、磨砺前行
1949—1982年

这一阶段从人民海军和公安边防海警建立开始，到1982年8月23日国家海洋局组建"中国海洋环境监视监测船队"止，中国海上巡航维权是以人民海军的舰艇为主。

阶段特点

这一时期巡视船的特点是以引进苏联援助的中小型舰艇为主，模仿建造，集各界人才之力，艰苦奋斗，潜心研究。因当时我们国家海上力量比较薄弱，所以海上巡航执法工作是以海军的巡逻舰艇和公安边防海警船为主，进行沿海和近海岸防御性的巡航维权。20世纪70年代后，我国设计了不同类型的巡逻艇及海洋调查船，吨位小，航速快，主要用于近海海域巡航执法和海洋调查。

这些具有代表性的巡逻艇，是20世纪50年代至80年代我国海军在沿海巡航防御的主要装备。成功的技术积累为我国后来设计制造大型巡逻舰船奠定了技术基础。

> 图119　20世纪60年代的沿海巡逻艇

> 图120　公安边防巡逻艇

第4章 砥砺前行，奋勇直追——中国海警船的发展历程

> 图121 公安边防巡逻艇在海上执行任务

代表性船型

这一阶段为加强对我国海洋的综合调查，建造了多艘海洋巡视调查船，承担海洋巡视和调查任务。

"中国海监11"号船是20世纪70年代初设计建造的海洋综合调查船。该船采用钢质船壳，双机双舵、双螺旋桨，长艏楼、倾斜船艏、巡洋舰船艉。设计为无限航区，主要任务是对我国海域进行巡航监视，对侵犯中国海洋权益、违法使用海

小贴士

沿海、近海、中海、远海海域

沿海地区：《中国海洋统计年鉴》的定义为"有海岸线（大陆岸线和岛域）的地区，近海行政区划分为沿海省、自治区、直辖市"。目前，我国有9个沿海省、1个自治区、2个直辖市、53个沿海城市、242个沿海区县。

人民海军给近海、远海规定的含义：近海是指在最靠近陆地200海里以内的海域；中海是指距我方海岸200～600海里的海域；远海是指距我方600海里以外的海域。

域、损害海洋环境与资源、破坏海上公共设施、扰乱海上秩序等违法行为进行调查、取证和处理;对海上污染等重大事件进行应急监视、监测和警戒;同时兼顾海洋资源勘测和环境监测。活动范围为我国的东海、黄海和渤海海域,主要进行海洋水文、化学为主的调查研究,适当兼作气象、地质、生物等相关研究。

> 图122 "中国海监11"号海洋综合调查船

1983年3月1日,《中华人民共和国海洋环境保护法》生效,国家海洋局所属的"海监船"亮相,"中国海监11"船同其他船分别从青岛、上海、广州起航,巡察中国四海,标志着我国海洋管理进入了新的阶段。

"中国海监11"船担负着维权巡视和海洋调查的任务。

> 图123 "中国海监11"船驶出码头赴渤海执行巡航检查任务

> 图124 "中国海监11"船转为中国海警船

"中国海监22"船于1973年出厂,是我国应用电力低速推进装置较早的船型。该船设有2只螺旋桨,是一艘海洋水文气象船,主要任务是在我国的东海、黄海、南海等外海执行气象观测、水文调查、海洋重力场、海洋声场、海洋地质等专业部分项目的调查工作,同时兼作观测站的布设。

中国海监局成立后,执行巡航兼海洋监测,在黄海和渤海海域执行巡航维权任务。

> 图126 "中国海监22"船停在码头

> 图125 "中国海监22"船在海上巡航

第4章 砥砺前行，奋勇直追——中国海警船的发展历程

> 图127 "中国海监22"船转为中国海警船

小贴士

水域、航行及海船航区

中国水域：指中华人民共和国沿海的港口、内水、领海及国家管辖的一切其他水域。

国际航行：指由中国港口驶往中国以外另一国的港口或与此相反的航行，包括在中国水域以外从事特殊作业的航行。

国内航行：指在中国管辖水域内的航行。

海船航区：常分为沿海、近海、远海等。按船稳定性规范分为Ⅰ、Ⅱ和Ⅲ三类航区，其中Ⅰ类航区称为无限航区。内河船常按水系名称来分。

沿海航区：指台湾岛东海岸、台湾海峡东西海岸、海南岛东海岸及南海岸距岸不超过10海里的海域和除上述海域外距不超过20海里海域；距有避风条件且有施救能力的沿海岛域不超过20海里的海域。但距海岸超过20海里的上述岛屿，将按实际情况适当缩小该岛屿与周围海域的距岸范围。

近海航区：指中国的渤海、黄海和东海距岸不超过200海里的海域；台湾海峡、南海距岸不超过120海里（台湾岛莎岸、海南东海岸及南海距岸不超过50海里）的海域。

远海航区：指国内航行超出近海航区的海域。

遮蔽航区：指在沿海航区内，由海岸与岛屿、岛屿与岛屿围成的遮蔽条件较好、波浪较小的海域。在该海域内岛屿之间、岛屿与海岸之间的横跨距离应不超过10海里。

突出重点、研发建造

1982—1999年

为加强海洋巡视管理，1982年8月23日国家海洋局组建了"中国海洋环境监视监测船队"，这个"船队"既进行巡视监测，又进行海洋调查，担负"海警船"的任务。这一阶段是突出重点，研发建造各种巡视执法船的时期。此外，还有渔政船、边防公安海警巡逻舰、海关总署缉私船等，可以到近海、中海巡航执法并进行调查科考。

为弥补沿海和内河港口快速执法，发展小吨位的巡视船艇也是当时的主要任务。根据公安边防海警加强对沿海和边界治安维护、救援等任务需要，研制了不可缺少的中小型巡视船艇，这些海警巡逻船对维权、护航、监管、检查缉私等发挥了重要作用。

1998年国务院决定正式设置"中国海监总队"，1999年1月13日中国海监总队在北京挂牌成立。自此开始，海监总队的海监船、农业部的渔政船、边防公安海警船和海关总署缉私船形成了统一领导的巡航执法机构。

阶段特点

该阶段是我国自主开发研制的新阶

> 图128 中国海监船

第4章 砥砺前行，奋勇直追——中国海警船的发展历程

> 图129 "中国海监18"船监视兼海洋调查

段，大多设计建造1 000吨级船，其特点可概括为：

（1）设计制造千吨级多功能船，以海洋调查为主，兼顾巡航执法管理、现场取证等。

（2）船体结构采用钢质船壳、长艏楼、倾斜船艏、巡洋舰船艉。

（3）动力推进多采用双机、双螺旋桨。

（4）设计航区多为Ⅰ类，主要在我国的东海、黄海、渤海和南海范围。

（5）主要任务是巡航兼海洋综合考察，对我国沿海地区的海洋水文、化学、气象、地质、生物等进行调查研究。

（6）对海洋污染进行监测监视。

这一阶段设计建造的船舶，如"中国海监18"船（后转为中国海警船）等，吨位均在1 000吨左右，具备巡视维权、科学考察、污染监测监视等多种功能，以满足当时国家对于船舶的任务需求。

海上多功能综合执法船

在监督海上秩序和海域使用上,研制了多功能综合执法船。根据海域和任务不同,此类船型吨位一般在 1 000～3 000 吨。

该型船动力强、航速快,如开展测量工作,可随时调整航速,有较好的稳定性,既肩负巡航执法监督检查任务,又能执行中远海水文、气象、重力、水深、磁力等多功能综合测量任务,是可执行多种任务的综合执法调查船,并多次赴钓鱼岛执法

> 图130 改装后的中国海警船

维权，对该海域的资源利用进行监督。

抗风性能强

这一阶段研制的巡视监测调查船，抗风能力强，如"中国海监74"船是20世纪90年代研制的一型海监船，是这一时期具有代表性的船型，排水量为千吨级。在2011年8月23日至10月12日执行南海维权及粤西环球环境监测任务时，历时51天，航程3 918海里，航时448小时，圆满完成巡航及考察任务，并成功抗击了2011年第17号强热带风暴"海棠"、第18号强台风"纳沙"和第19号强台风"尼格"。

> 图131 "中国海监74"船

小型巡逻艇

20世纪80年代至20世纪末，中小型巡逻艇得到快速发展，主要为边防公安海警而设计，其主要任务是负责我国沿海和边界的治安维护、救助等，在维权、护航、监管、检查缉私等方面发挥了重要作用。

小型巡逻艇的特点是多型化、小型化，速度快，敏捷灵活；目的是执行快速拦截、追踪。由于我国南北海岸线长，自然气候温差大，小型巡逻舰艇以各地实际特点进行设计，执法设备比较先进。

水上"飞毛腿"——首艘公安边防喷水推进巡逻艇

公安边防海警在巡航执法时，关键看艇的性能和速度。从执法效能和维护边界主权出发，在20世纪80年代初，科研单位为黑龙江公安边防设计了我国第一艘航速最高的公安边防喷水推进滑行艇，用于巡航维权。该艇于1985年9月入列。

首艇设计尺度合理，布置紧凑，外形美观，线型设计优良，快速性能好，航速达每小时82千米，已经超过国外同期喷水推进艇水平。

该艇采用箱型舵，倒车装置采用国内先进的液压操纵机构，设备先进，有良好的操纵性，能原地回转，可在急流中停驻并方便地靠离码头。

该艇动力装置自动化程度高，驾驶室设有集控操纵台，主机采用气动遥控和机舱自动报警，可对各种仪表实行监控，确保各系统正常工作。

该艇推进装置先进，采用的是我国最

> 图132 停泊中的我国首艘喷水推进巡逻艇

第4章 砥砺前行，奋勇直追——中国海警船的发展历程

> 图133 首艘公安边防喷水推进巡逻艇在黑龙江上巡逻

大马力的船用喷水推进泵，其水动力性能达当时国际先进水平。

该艇艇体结构是国内第一艘采用全焊接铝合金结构的快艇，经受了超负荷碰撞试验，强度好，安全可靠。在后来的升级换代中使用的是玻璃钢结构，艇更轻、速度更快。

> 图134 采用玻璃钢结构的喷水推进巡逻艇

轻型高速快艇——港监玻璃钢巡逻艇

该艇是维护水上安全秩序,执行巡逻、护航、纠正违章、及时取证和组织指挥监督施救等任务而配备的高效巡逻艇。1985年8月开始设计建造,是我国第一艘双机、双舵、双泵高速喷水推进艇,外形美观、航速高、重量轻、噪声低、操纵性灵活。

该艇可在风力三级情况下快速航行。艇体采用玻璃钢材料,首次采用泡沫塑料夹心结构,具有绝热好、防噪声和不透光等优点。

艇上设有取证、助航及救生设备,有

> 图135 轻型港监玻璃钢巡逻艇

> 图136 公安边防巡逻艇

 第4章 砥砺前行，奋勇直追——中国海警船的发展历程

左右红绿转换闪警灯，有电高压空气喇叭等执法设备。

 **海关缉私艇**

在20世纪末，针对沿海走私犯罪频发的情况，我国设计建造了多艘缉私艇，海关缉私艇主要用于我国沿海巡逻、检查和缉私。该型艇为通长甲板、深V全折角线型，主艇体为钢质，上层建筑为铝质，采用高速柴油机，双轴、双桨、双舵。

> 图137 中国最大的公安边检艇

海警船

走向远海、创新发展

1999—2013年

这一阶段自2013年7月海警局成立，中国海上巡视船（公安边防海警、海监、渔政、海关缉私等巡视船）不断技术创新研制和发展，大力开发设计1 000～3 000吨的新船型，设计的船能到更远的海域巡航维权和海洋调查，建立了一支完善的、具有现代化水准的中国海上巡逻监视船队。

阶段特点

（1）中大型船不断增多，且操纵性能好、技术性能增强，信息化程度越来越高，可在海陆两方互通。

（2）船载直升机，实现海空一体化的执法体系。

（3）采用先进技术，具有先进的执法设备。

（4）采用技术先进的艏侧推、可调螺距螺旋桨、电力推进减摇鳍、减摇水舱装置。

（5）根据任务不同，船的海上航速也大大提高。

代表性船型

极具特色的首艘千吨级公安边防巡逻舰

首艘千吨级公安边防巡逻舰是进入21世纪后，我国为建立一支具有威慑力的公安边防海警船队而设计建造的，是我国21世纪初沿海、边防巡航维权、综合性能最优的主力船型。

首艘公安边防巡逻舰外形设计威严，简洁，体现军威国威，突出公安边防海警部队的性质和特征。该船2003年开始设

> 图138 首艘公安边防巡逻舰效果图

第4章 砥砺前行，奋勇直追——中国海警船的发展历程

> 图139 公安边防巡逻舰转为中国海警船仪式

计，2007年交付使用。该船采用大倾斜可调螺距螺旋桨，长艏楼，干舷较高，极大地提高了船的稳定性、耐波性和不沉性；船体宽，可更好地安置设备并改善船员的工作环境和生活。这种船型很适合执行远海任务。

小贴士

航速及其计量单位

航速大小可分为最大航速、全速、巡航航速等。

最大航速：指主动力装置以最大功率运转时达到的航速。

全速：指动力装置以额定总功率运转达到的速度。

巡航航速：指巡航时常用的速度，通常规定一种主机经济转速时的航速作为巡航航速。

经济航速：指在一般情况下需用的最低耗能所确定最低成本的航速。

最小航速：指船舵能发挥操纵作用的最低速度。

安全航速：指1972年《国际海上避规则》第六条规定每一船舶在任何时候都可使用的一种航速。

节是专用于航速的单位，单位符号为kn。根据《中华人民共和国法定计量单位》规定：1节等于每小时1海里，即等于每小时1.852千米。

船型多功能化

公安边防巡逻舰具有执行使命任务多功能化，有一定的立体警戒、监控能力，充分发挥海上巡逻、治安、缉毒、缉枪支弹药及与毗邻国家海上警察组织重大联合行动等多项功能。船上配有船载直升机、水炮和船载执法艇。

> 图140　首艘公安边防巡逻舰在海上演习
> 图141　巡视中的公安边防巡逻舰

高效监控——"天眼"恢恢，立体巡航执法

首艘千吨级海警船在设计上采用高新技术，具有立体监控能力，如同凌空看海，对周边发生的事情能了如指掌，充分发挥海上巡视、执法监督、搜救指挥和海上油污监测等功能。

船上配备有一架直升机，既增加搜索救难的活动半径，又扩大了监视搜寻的区域，使该船具备了一定的立体监控功能，执行任务时可以迅速抵达现场，进行协调和指挥，对事态进行控制，从而提高了该船的控制范围和快速反应能力；还设有一套全天候的夜视仪设备，可在夜间实施巡视与监督的功能。因此，在近海海域内，该船具有全方位、有效实施监测和指挥组织的能力。

> 图142 首艘千吨级中国海警船配有船载直升机

快速反应机制——具有多方位的搜寻功能

为使该船的搜救成功率达到较高水平，设有潜水小分队装置，配备了与高海况、多方位搜救能力相适应的搜救系统，它是由多功能潜水梯、专用登船装置及救助艇等组成。

为了执行拦截和追踪任务，在烟囱两侧各配备一艘快速执法艇。搜救时能保证快速到达现场，及时实施对海上搜救与指挥工作。全面实施GMDSS（模拟）系统，配有先进、完善的通信导航系统，强化对海上救生、救助遇难船舶、防止油污扩大的现场组织与指挥功能。

船载设备多样化——具有先进的通信网络

该船电磁兼容性好，拥有强大的信息搜集处理能力，能够在广阔的海域从事全天候搜集和立体监控。通信系统符合海上遇险确保安全系统的要求，能在全球各海域保持与基地之间的联络，并组成船与基地、船与遇难船只、船与直升机、船与其他友邻船之间的通信网络。一旦发生突

> 图143 首艘公安边防千吨级巡逻舰是海上安全的保护神

 第4章 砥砺前行，奋勇直追——中国海警船的发展历程

发事件，各网络会自动发出信号，可在最短时间到达现场取证，有效打击海上犯罪。

自身保护能力强——设有"水幕系统"

船上设有全船性的水幕系统，当船参与援救灭火时，通过船自身的喷水形成垂直水幕保护，把火灾的热量和火焰隔断在本船之外，有利提高船自身的保护和生命力；整个水幕系统分为四个独立区，可按需分别控制。

> 图144　通过水幕保证自身船的安全

该船交付使用后多次执行巡航执法任务，在2010年上海世博会期间参加巡航执法维护海上安全，确保了世博会安全保障工作。2015年参加了东盟在马来西亚槟城举行的第四次救灾演习，圆满完成水面搜救任务，赢得了各方好评。

> 图145　2013年首艘千吨级巡逻舰转为海警船

历经风浪的综合监测船

"中国海监27"船于2004年建造,其任务是巡航维权和海洋环境监测、海洋环境保护,同时兼顾海洋资源及海底设施的勘测、海洋巡视和维护海洋权益等。

该船为钢质结构,单层连续甲板,单舵,上层建筑为封闭式桥楼,设全景式驾驶室。该船装有先进的避碰雷达,安全性高;有GPS定位系统、船舶气象仪、测深仪、电子海图等高科技专业设备及卫星通信站等。船上推进动力系统为双机单轴可调螺距螺旋桨,设有艏侧推和非收式减摇鳍,适航性、操纵性、机动性强;具有较强的快速反应能力,可在除南北极海域外的航区航行,具有较强的抗风能力;船上配备了快速船载执法艇。

> 图146 "中国海监27"船巡航

> 图147 转为中国海警船的"中国海监27"船巡航南海

历经狂风海浪,方显该海警船良好性能。2013年8月6日,该船第一次以中国海警船的身份亮相,巡航南海维权执法时,曾遭遇"天兔""百合""海燕""蝴蝶"4次强台风,经全体船员齐心协力,避开了台风中心,毫发未损。这次巡航历经181天,共航行2 988小时,创造了该船出海时间最长的纪录,圆满执行完任务后,于2014年春节前安全返回。

直面世界的渔政明星船

"中国渔政202"船是中国渔政的两艘明星船之一，1 000吨级，2001年建造，具有良好的抗风力。该船主要用于海上检查、安全监督、渔事处理、环境监测、抢险救助及专属经济区巡航，是目前我国最先进的渔政船之一。

该船参加了第一次跨海区的渔政船编队，执行南沙护渔护航任务，也是第一艘进入公海联合执法的中国渔政船，曾数次远航日本以东的北太平洋公海渔区；先后于2002年和2005年两次在太平洋西北公海上与美国舰队执行联合巡航。

> 图148 "中国渔政202"船有良好的抗风能力

> 图149 "中国渔政202"船参加太平洋海空联合巡航

海上"维权明星"船

21世纪初,为适应多种任务、维护我国海洋权益,需要设计建造一型高性能海监船。总设计师张炳炎提出:"要更新换代,就要设计建造我国新一代的高性能海洋监测船,至少要在20年内具有先进性。"

"中国海监83"船在技术和设备上是中国海监船中最具代表性的3 000吨级优秀船型,该船航速较高、续航能力强,适航范围为除极地以外的任何航区,多次出色完成巡航任务,被誉为海上"维权明星"船。

> 图150 "中国海监83"船总设计师张炳炎

> 图151 "中国海监83"船巡航

海警船

一船两用——多功能集于一船

要维护我国的海洋权益，就必须进行大量的海洋科学调查。"中国海监83"船不但要承担海洋维权、执法管理的海监任务，还要承担对我国海洋环境、地质构造、地形地貌和矿藏能源等资源情况的科学调查任务，这就要求该船还应具有海洋综合调查能力。按国内外船舶的传统分类，应分别设计建造海监和科考两型船。但"中国海监83"船将两型船合二为一，

> 图152 "中国海监83"船兼负巡航执法和海洋调查双重任务

第4章 砥砺前行，奋勇直追——中国海警船的发展历程

> 图153 船上舷侧推的位置

> 图154 "中国海监83"船直升机平台

而船上所需要的多种实验室类型、数量和面积，以及大型专用设备和露天甲板作业面积等，都高于同期国内外同类船。

技术设施全——新型设备多

为扩大海监船的视野和快速反应机制，在观察搜索和速度方面能够超过同类船舶的功能，"中国海监83"船采用了先进的电力推进技术，航速从零至最高航速可任意调节；还设置了舷侧推、减摇鳍、减摇水舱等设备；设有直升机机库和保障设施。

> 图155 舷侧推装置外观

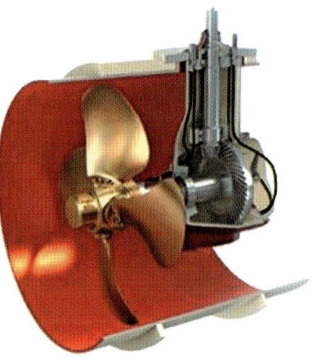
> 图156 舷侧推装置结构

小贴士

侧推装置及作用

侧推装置是产生船舶横向推力（侧推力）的特殊推进装置，也称"侧向推力器"。利用水泵或螺旋桨横向喷射出的水流/水柱的反作用力，使船舶得到侧向推力的主动式转向装置。它装在船艏或船艉水线下的横向导筒中，推力大小和方向可根据需要改变。

侧推装置用于满足低速航行和离靠码头的需要，适用于拖船、集装箱船、钻探船、调查船、测量船及航行于狭窄航道中的船舶，也可作为船舶动力定位装置。艏侧推装置安装在船艏，可采用变螺距桨叶，也可采用固定螺距桨叶。艉侧推装置安装在船艉附近，一般横向布置，可在低速时（如港口拖带）用来提高船舶的灵活操纵性。按流通的形状，侧推装置可分为直管和侧Y形两种：直管在船艏、船艉均可设置，靠叶轮的转向或可调螺距的正反确定推力方向；侧Y形进流口正对船艏，依靠启闭两舷的支管来定推力方向。

勇于攀登——高技术指标

"中国海监83"船采用先进的计算机网络技术、现代信息和通信技术,实现了高度的自动化和智能化,是目前国内外同类船技术指标最好的。该船采用新型球艏和艉装置;最先采用先进的吊舱推进技术,航速可无级调速;耐波性能满足直升机在高海况下起降;具有相邻两舱破损不沉,操纵性可在低速状态下实现原地回转;具有优良的抗振动和降噪声性能,确保精密仪器有良好的工作状态,保证工作人员有优良的工作和生活环境等。

稳性良好——抗台风能力强

我国海域受台风侵袭频繁,台风季延续时间长,为保证海监船巡航执法,并确保调查作业和航行安全,在技术性能上必须具备超强的抗台风能力。该船采用了自行研发设计的线型,并针对不同船的前体、后体组合变换验证试验,从而获得了最佳匹配和最低阻力的线型,并备有可满足军民共用的多种规范标准规定的全套伺服保障系统和设施,具有抗不低于17级超强台风的能力。

> 图157 稳性良好,抗台风能力强

控制系统先进

该船有良好的操纵系统、自动控位和定向系统。

它采用全回转舵桨合一电力推进系统,彻底改变了传统船舶推进模式,其电力推进系统除了噪声小、省油、无废气排放绿色环保等优点外,它的航行可横行、斜行,进退自如。因此,在技术性能上

> 图158 有良好的操纵系统

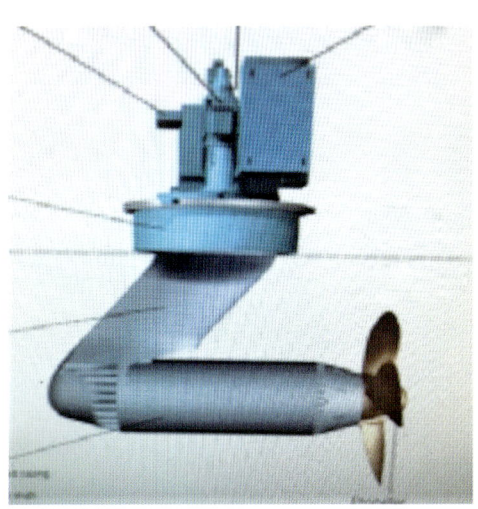

> 图159 "中国海监83"船上的电力推进装置

"中国海监83"船是一艘能在海上回转自如,可任意转动方向,通过改变螺旋桨方向调整航向。同时船艏配有两种功率艉侧推,可辅助改变方向,快速完成原地转向一周,能在各种复杂海况中实现快速动力定位,增加了船舶操纵性能。

2010年8月24日,有中国海监旗舰之称的"中国海监83"船与其他船一起,远赴俄罗斯远东参加中、美、俄、日、韩、加六国联合安保演习。这是中国海监船首次受命出国参加多国联合演习,也是"中国海监83"船在国外观众面前高调亮相时机。

该船到达演习停靠码头,已有两条船分列停好,中间只留一个小小的空位,码头指挥人员让"中国海监83"船停在中间位置。能否安全顺利停靠,既显示该船的技术性能,又考验船长的驾驶能力。此时,船长不急不躁,发出指令,指挥驾驶人员,几分钟后"中国海监83"船就稳稳当当、迅速无误、平稳准确地一次斜插停靠在指定位置上。如此良好的船舶性能和干练的驾驶技术受到参演国的赞扬。

> 图161 "中国海监83"船可以横插停靠

> 图160 "中国海监83"船可原地旋转360°

第4章 砥砺前行，奋勇直追——中国海警船的发展历程

高新海警船快速发展
2013年之后

2013年7月海警局成立后，海警船的建设迈上了快速发展的道路。配备有先进装备的大小不等多种类船及大型海警船相继出现，可以形成综合巡航执法编队远海巡逻；设计的新型海警船出国友好访问或参加国际综合演习活动。

阶段特点

经过技术的积累和长远谋划，不同类型的海警船横空出世！其技术性能、信息化和先进设备都有空前的提高，主要体现在：

（1）技术性能先进，信息化和智能化程度进一步提高，综合能力进一步增强。

（2）千吨级以上的海警船大多都设置船载直升机。

（3）续航力持久、航速高，具有远航执法能力。

（4）抗风能力和船的稳定性明显增强。

（5）电力推进系统得到普遍使用。

> 图162　中国新型海警船

（6）配有先进的执法取证设备。

千吨级多用途海警船

航速快、机动性能好

该船具有机动性好、航速快、反应能力强等特点，船长约77米，船上配有先进的网络及监控系统，有高技术卫星通信和导航设备，无限航区。2012年2月，中国海监船巡航执法，在东海中国专属经济区内驱逐了外国测量船。

> 图163 中国海监船在钓鱼岛海域巡航

 第4章 砥砺前行，奋勇直追——中国海警船的发展历程

多用途综合船

该船2011年入列，排水量约1 700吨，无限航区。该船除巡航维权执法外，还承担着海洋环境保护与海域使用、海洋综合科学调查和勘探任务，是一艘多用途船。船上配备了测深达5 000米的测深仪及声学多普勒流速剖面仪等装备，配有先进的通信导航设备。

> 图164 多用途综合船

巡航执法新里程

新型中国渔政船排水量约为2 000吨,2010年9月29日交付使用,是我国第一艘配载小型直升机的渔政执法船。

该船为钢质、长艏楼封闭结构,双层连续甲板、双机、双可调螺距螺旋桨、双舵,设有直升机起降平台和机库,配有自卫武器。船长约108米,无限航区,机动性强、航速高、续航力远、自持力时间长。

该船设置有先进的执法设备,如海上红外线热像仪、光电跟踪仪等取证系统,配有现代化的水上宽带卫星通信系统,是中国当时渔政系统中性能先进、执法设备齐全的执法船。

该船的研制和使用使我国由单一的海上巡航执法迈向了海空结合的立体执法模式,执法覆盖面扩大,执法能力大幅度提升,成为我国维护海洋权益、保护渔民利益的又一重器。

该执法船的研制成功使我国海上执法迈上一个新台阶,开启了新的里程,对全面加强海上巡航执法具有深远意义。

> 图165 新型中国渔政船海空一体执法

第4章 砥砺前行,奋勇直追——中国海警船的发展历程

> 图166 由新型中国渔政船涂装完成的中国海警船

> 图167 新型中国渔政船巡航南海黄岩岛

海警船

高性能海警船发展迅速
（3 000~5 000吨级）

多功能海洋综合执法船

该船3 000吨级，2011年6月交付，是一艘综合能力强，集海洋巡逻、监察、调查于一身的大型中远程海监船。

该船安装有卫星天线系统，可实现船对岸、船对船现场即时指挥功能，并可随时将船上的执法视频进行传输；夜间可用大功率搜索灯照射很远的目标；光电跟踪监视取证系统可在夜间进行红外自动跟踪、锁定、显示、拍摄目标。

船上可搭载直升机，配备有卫星定位、卫星通信导航及先进的海上巡航、科学调查等设备。该船现已转为海警船。

> 图168 转为海警船的多功能海洋综合执法船

> 图169 中国海警船巡航东海海域

> 图170 执法人员巡航钓鱼岛

> 图171 船上的通信导航系统

> 图172 中国海监船配备有多种先进的科学调查和取证执法设备

> 图173 停靠在码头上的中国海警船

中国新型海警船

中国新型海警船在吨位、武备、航速上都有一定的优势,具有全方位远航程巡航执法功能。

> 图174 中国新型海警船模型图

> 图175 停在码头上的中国新型海警船

中国新型 3 000 吨级海警船除配有高压水炮外，还装有先进的武备系统，预留空间大，可随时安装其他执法设备。该型船可执行海上驱逐任务，对违反我国规定的船只登船进行检查，还能承担缉私或反海盗等任务。

该型船的一大特点是为中国的海上执法提供一种大型的现代化新平台，拥有全方位的远程航行能力。自中国海警船第一次亮相南海维权执法开始，海警船上均配备了自卫用的反击武器，使中国海警执法更有威慑力。

该型船可以搭载两架无人机或者一架小型直升机。

> 图176 2艘气势雄伟的中国海警船停靠在码头

> 图177 中国新型海警船

中国渔政执法船

中国海上执法实力增强不但体现在船的吨位增大，而且在各项技术性能上也更好、更优。

中国渔政执法船担负巡航我国南沙群岛和西沙群岛护渔护航任务，入列后大大加强了南海乃至中国专属经济区的管理和巡航执法力量。

该型船具有多种用途，船上生活设施齐全，并配有船载高速执法艇，便于巡视登船检查。它们曾参加过国际救援工作，在海上巡航执法时安全地穿越过12级台风。

> 图178　中国渔政执法船

> 图179 中国渔政执法船在南沙海域巡航维权

> 图180 中国渔政执法船巡航东海海域

> 图181 中国渔政执法船巡航维权

 第4章 砥砺前行、奋勇直追——中国海警船的发展历程

万吨级海警船横空出世

2012年之前，我国巡航执法船不能满足高强度的海上巡逻、执法的需要，为此必须建造吨位更大、综合能力更强、数量更多的海上巡航执法船。

中国舰船科技人员励精图治，奋发图强，在海警船研制技术和装备上也以惊人的速度更新和发展。

经过多年的努力，在2015年年底，中国具有先进功能的大型万吨海警旗舰执法船横空出世，劈波斩浪，驰骋海疆，其气势更是宏伟靓丽、威武雄壮，像一座座海上钢铁长城。

显山露水，中流砥柱——大型海警船

世界各国的海警船中，最大的排水量在6 000～9 700吨，而我国大型海警船的吨位已是万吨级了。

> 图182 万吨级中国海警船横空出世

> 图183　风采亮丽的大型中国海警船

> 图184　万吨级中国海警船执行巡航任务

> 图185　从空中俯视万吨级中国海警船的雄姿

 第4章 砥砺前行,奋勇直追——中国海警船的发展历程

大型海警船主要特点:

(1)技术性能好,续航力长,航速快,操纵性能好。

(2)吨位大。万吨级海警船与美国9 700吨级"阿利·伯克"号驱逐舰和美国海岸警卫队最大的海警船——传奇级巡逻舰相当,与日本7 175吨级的"敷岛"号巡逻船相比大近一倍。

万吨级海警船的问世成为我国海上维权执法的中流砥柱,更加有效地加强海上执法力量,提高实施管控我国主张管辖海域及大陆架经济带等方面的执法力度。

> 图186 美国"阿利·伯克"号驱逐舰

> 图187 大型中国海警船在巡航

| 120 | 海警船

> 图188 大型海警船的武备性能强

（3）具有特殊的震慑力。万吨级海警船堪称海警船中的巨无霸，其体型高大，有特殊的威慑感和强大的震慑力。发生冲突时，船大吨位大本身就是一种威慑。

小贴士

美国阿利·伯克级驱逐舰

美国阿利·伯克级驱逐舰是美国海军现役最大最先进的驱逐舰，长度与一般大型驱逐舰相比稍短，宽度增加，拥有宽水线面，船体吨位9 700吨，是20世纪70年代研发的新船型，着重提高耐海能力，有利减小纵横摇矩，改善耐波性，缺点是不利于高速航行。该级舰共计划建造57艘。

第4章 砥砺前行,奋勇直追——中国海警船的发展历程

利剑出鞘,威耀海疆——执法新平台

在首次为期19天的南海巡航中,万吨级中国海警船就动用了2架无人机,巡视了12个岛屿,为维护我国海洋主权提供了立体执法新平台。

在遇到海上纠纷的时候,万吨级海警船的威严和强大的火力能有效地发挥震慑作用,还可以指挥中小型海警船与直升机协同作战,从而成为我国海上维权力量的中流砥柱。

> 图189 航拍大型海警船巡航南海海域

舰形神奕耀中华——海警船发展新里程

万吨海警船的研制成功是中国海警实力的象征,也是中国海警船发展的一个新高度、新里程,说明中国不但能设计建造大型的海警船,而且能设计建造出高水平、高技术的新型海警船。

万吨级海警船续航力长,船体容积大,可携带更多的燃油补给,能为船员提供更方便、更完备的工作环境和居住生活条件,更有利于远海长期执行维权护航任务。

> 图190 外形壮观的大型中国海警船

> 图191 大型海警船远海执行任务

第4章 砥砺前行,奋勇直追——中国海警船的发展历程

万吨级海警船设计团队事迹

敢于创新——新技术的开发和应用

新型的万吨级海警船是中海、远海巡航执法旗舰船,在如何配置动力达到高速性、如何搭载大型直升机、如何高效执法等方面,设计人员发挥集体聪明才智、勇于创新、克服难点,以寻求最佳的技术方案。

在设置武备、水炮等执法设备方面,设计人员选择最优方案,确保武备方位、角度最佳,使水炮工作半径增大,水柱更强,更有利提高海警船在海上的执法能力。

在减小船舶横摇方面,设计人员采用成熟的减摇设备,确保在恶劣天气下直升机的降落和系固。

船体结构要考虑防碰撞设计,设计团队对方案设计精益求精,在重要区域采用双壳设计,使该船在海上执行任务时能经得起被其他船只直接撞击的能力。

该船烟囱设计采用了防水炮设计,大大提高了船舶遭遇突发事件的抗击能力。

> 图192 高新海警船

> 图193 新型海警船

> 图194 海警船编队巡航

从实际出发——加强沟通和协调

在设计万吨海警船船载直升机系统时，由于该型船首次搭载大型直升机，而且此型号直升机是首次上船，因此设计团队与该型号直升机设计人员多次开会沟通、协调，经常为了某个技术指标的实现，需要经过多次反复计算，共同探讨，以达到满意的结果。

为了达到万吨海警船高航速的指标要求，设计师们通过模拟计算和优化设计，结合水池实验，确定最优线型。每一个设计方案的背后，都需要设计团队多次讨论，从多个方案中选择出最优方案，以确保该船指标的先进性。

在甲板上预留充分的空间，更体现了总体设计的灵活性。

万吨海警船作为巡航执法旗舰船，设有编队指挥中心，可以在海上集结成一个具有威慑力的海上执法编队。在长时间执行任务期间，还可以为编队内的其他船舶进行油、水、食品、物资等方面的补给，进一步增加海警船的战斗力。

> 图195　研制建造大型海警船，每个方案都凝聚着设计人员的心血

第5章
国外海警船

海警船

海洋与人类的生存发展息息相关，又有着长远的战略意义。自英国最早组建海岸警卫队以来，打击海上走私犯罪及维护海上安全，至今已有近200年的历史。为维护海上安全和民众的利益，各沿海国家相继都建立了海岸警卫队或海上警察，其目的是维护其海洋主权权益，打击海盗、走私等海上违法犯罪行为，搜寻救助遇难船舶和人员等。为此，各国的海上警察发展不尽相同，技术装备也有差别，如美国海岸警卫队的实力较强，日本是悄然崛起，俄罗斯迅猛强悍，法国、英国依然强盛等，这些都说明当

第5章 国外海警船

今海上需要一个安全的环境,也表明维护海洋权益的重要性。

海洋是连接世界各国的纽带,是世界上一个统一的命运共同体,将成为各国可持续发展的基础和先决条件,是世界各国之间相互交流与合作的舞台,无论是中美、中欧、中非,还是21世纪海上丝绸之路等,都离不开海洋通道的保障。海洋权益需要海上安全为前提,因此维护海洋权益和安全愈加重要。

美国海岸警卫队

> 图196 美国海岸警卫队传奇级巡逻舰

尽管海岸警卫队最早诞生在英国,但真正快速发展的是美国海岸警卫队,其海警船实力已远远超过英国海岸警卫队巡逻舰船。美国总统于1915年1月28日签署了"海岸警卫队成立"法案,由美国海上主管灯塔的机构(USL-SS)和海上执法机构(RCS)等合并,正式成立了"美国海岸警卫队",是美国海上唯一的综合执法机构,也是当今世界上最强大的海上执法队伍之一,是当今许多国家海上巡逻执法队伍建设的典范。

对于拥有强大海军力量的美国来说,海岸警卫队的存在让它们的舰船从繁杂的近海岸巡逻、缉毒、救援等任务中解放了出来,去追求在海外的利益。

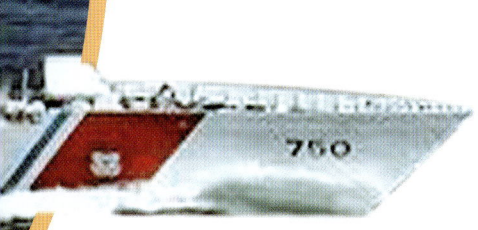

海警船

舰船实力

美国海岸警卫队的舰船实力是世界上最强的，它拥有的船型最多、吨位最大，其中现役大中型舰船200多艘，小型舰艇约1 400艘，包括10余艘4 500吨的传奇级巡逻舰、10余艘3 250吨的汉密尔顿级巡逻舰，以及各种轻型巡逻舰艇、破冰船、救生船和拖船等，如著名级快艇、信任级快艇、岛屿级巡逻舰、海上保卫者级巡逻艇等，能有效执行各种任务。

在美国海岸警卫队船只上，大多配备有轻型武器、手枪、步枪，在小型巡逻艇上配有机枪，在大型快艇上还配有76毫米加农炮等。

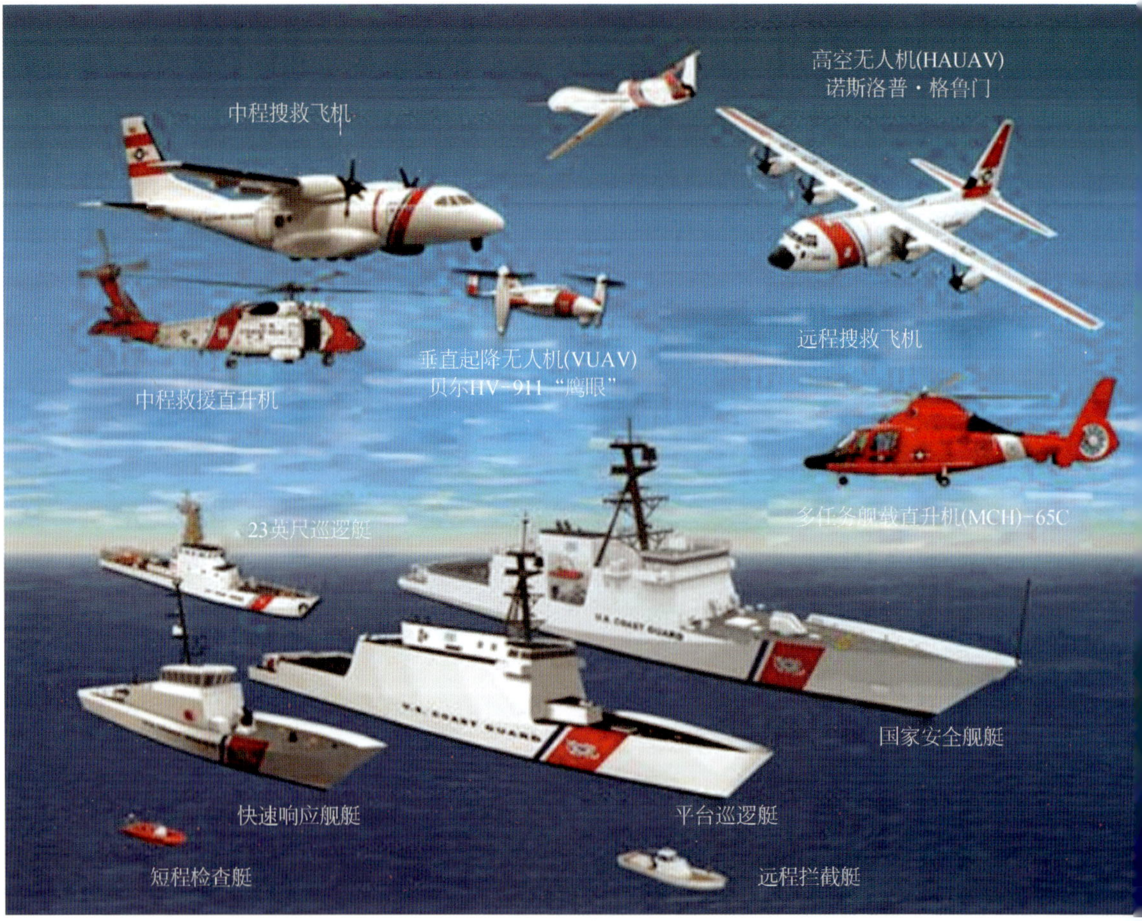

> 图197　美国海岸警卫队各式装备

> 图198 美国汉密尔顿级"716"巡逻舰

汉密尔顿级巡逻舰

汉密尔顿级巡逻舰原计划建造32艘,但建造12艘后就停止了。该级舰是美国海岸警卫队现役中比较大的巡逻舰,是美国海岸警卫队的中坚力量。该舰全长115.21米、宽13.1米、排水量3 250吨、吃水6.07米、最高航速29节、续航力1.4万海里,编员167人,可起降9吨级的舰载直升机,还能拖拽10 000吨的船以8节的航速航行,相当于一艘护卫舰。首舰于1967年3月18日服役。由于续航力强,该舰主要用于远航、海上搜救、海洋研究、参与军事活动,还可为其他舰艇和飞机提供导航和气象情报等服务。

> 图199 美国小型执法快艇

传奇级巡逻舰

近年来,美国海岸警卫队发展更为迅速,如"深水构想计划",其目的是强化提高岸线50海里以外海域执行警戒任务的能力,为此设计建造并列装了一批排水量更大、自持力和适航性更强、信息化水平更高的新型巡逻舰艇,最具代表性的是传奇级巡逻舰。

传奇级巡逻舰是美国海岸警卫队的主力舰船,船长127.4米、排水量约4 500吨,船员126名。该舰上配有2架HH-65"海豚"直升机,或者搭载1架"海豚"直升机和2架舰载无人机。目前,已有10多艘传奇级巡逻舰相继服役。

美海岸警卫队舰艇不参加美国海军军事行动,仅执行日常的近海岸巡逻和警戒,所以传奇级巡逻舰一般不携带更多的武器。全舰的武器只有1门MK-110型57毫米主炮和1门MK-15 Block 1B型近防炮,主要应对可疑的小艇和货船。如果碰上火力强大的对手,可即时通过舰上的C4ISR系统向美国海军或空军请求支援,这说明其有一套完整的海空打击体系,协同作战能力上已超越了许多同类型的舰艇。

除了武器系统外,传奇级巡逻舰还装

第5章 国外海警船

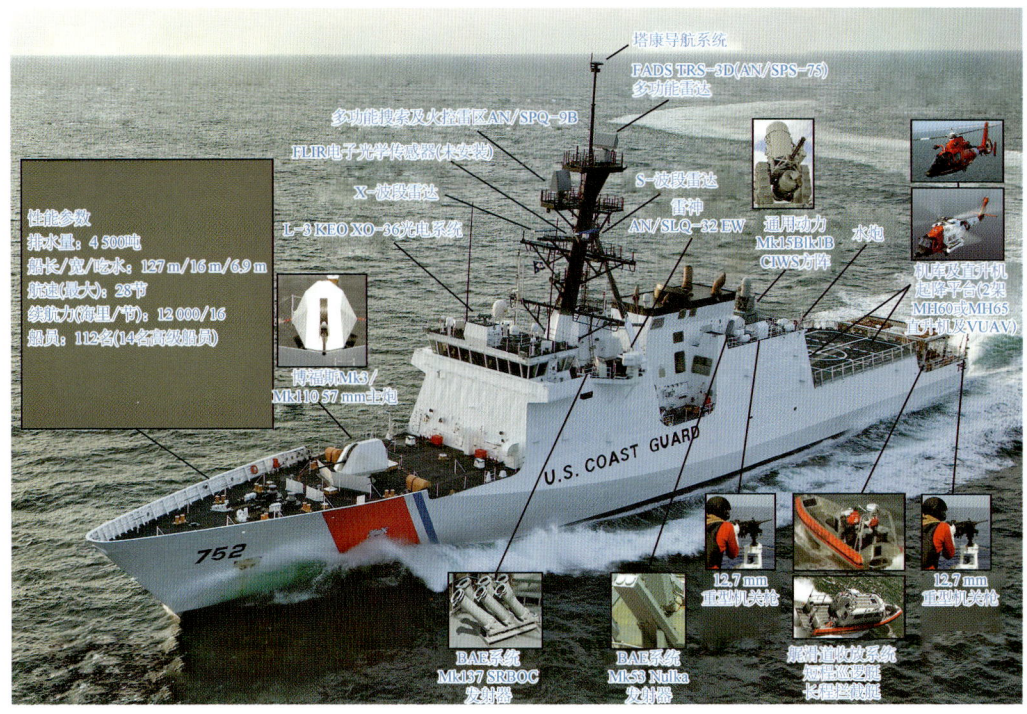

> 图200 传奇级巡逻舰装备示意

> 图201 传奇级巡逻舰装备示意

> 图202 美国传奇级"751"巡逻舰

> 图203 传奇级巡逻舰可搭载2架直升机

第5章 国外海警船　135

> 图204　传奇级巡逻舰上装有57毫米舰炮

有电子作战系统和SPQ-9B型X波段雷达。这两种装备都是美国海军驱逐舰和巡洋舰上大规模使用的主力设备，性能强悍，可有效执行低空补盲和电子信号收集的工作。同时，舰上的MK-110型主炮可以和AN/SPQ-9B协同完成对海上目标数据搜集、敌我识别、火力打击和毁伤评估。

该舰在舰艉设有小艇尾滑道收放装置，可以快速收放高速巡逻艇。

由于其技术性能先进，美国计划建造一批传奇级高性能巡逻舰，以满足新时期美国近海岸的防卫需求。这个新防卫体系囊括了美国海岸警卫队所有巡逻舰船所需的装备。在这个防卫体系内，传奇级巡逻舰发挥着信息节点和引导作用，是连接海岸警卫队、海军、空军等多兵种的重要指挥舰艇。

> 图205　传奇级"751"巡逻舰

舰船特点

航速快,技术性和功能性鲜明

美国海岸警卫队的各型舰船性能鲜明、技术先进,如救援艇强调以任务为主,拦截艇速度能达到50节以上。

美国海岸警卫队巡航执法船很讲究舒适性和实用性,如驾驶舱设有三级防弹、减震座椅及完善的航电设备,还配有滑行艇,便于冰区和滩涂作业。

体系合理、完整、严密,标准性强

美国海岸警卫队的舰船,无论在训练、装备、保障等方面都强调完整、严密的标准化体系。一旦确定就开始大批量生产,连小艇也强调标准化,如新一代的小型武装快艇,标准化生产要求至少9艘,RB-S型艇定型后生产超过500艘,RB-M

> 图206 美国海岸警卫队有浓厚的海军色彩

第5章 国外海警船 137

型艇生产超过174艘。由此可见，美国海岸警卫队对其舰艇体系规划相当的完整和严密，优点是便于协同。

以实战为目标，与海军相互协同配合

美国海岸警卫队活动与海军紧密配合，形成"密集阵"式近防炮体系的军用数据链。SPQ-9B型X波段火控雷达、SLQ-32电子战系统、NULKA舷外诱饵等系统，均是美国海岸警卫队传奇级巡逻舰的配置，已成为名副其实的第二海军。

不断研发新型巡逻舰艇

美国还在不断规划研制新型巡逻舰艇，以充实海岸警卫队的舰船实力，如先进的火炮、红外线、整体反潜作战系统、自动灭火系统、全电脑化信息环境、双频雷达、整体电力系统和全舰系统管线等，都将在美国海岸警卫队的巡逻舰艇中得到运用。

> 图207 美国海岸警卫队巡逻艇强调标准化

> 图208 美国海警船相互协同配合

日本海上保安厅

日本是二战战败国,按照国际公约规定,限制日本军队的发展,自卫队的数量也有一定的限制。日本借以维护海上安全权益、开展海上搜寻救助为由,悄然大力发展海上保安厅的舰艇。

日本海上保安厅共划分11个管区,机构设置军事化,配额人员多,已成为当今世界上海警实力最强的国家之一。

舰船实力

日本海上保安厅的大型巡逻船有PL和PLH两种类型,排水量都在3 000吨以上,PLH配有舰载直升机和舰炮。如"PLH01"巡逻船,满载排水量为4 089吨,搭载1架直升机,配有1门20毫米炮、1门40毫米炮。

敷岛级"PLH31"巡逻船

目前,日本最大的巡逻船是敷岛级"PLH31"巡逻船,1992年服役,船长150米、宽16.5米、吃水6米、排水量7 175吨,主机为4台柴油机,双轴,最高航速25节。

该舰配有2门双联装"厄立孔"35毫米机炮、35毫米自动"厄立孔"炮,与兼

> 图209 "PLH31"巡逻船

第5章 国外海警船

有火控功能的夜视仪连为一体,可以说是巡逻船上最具有威力的武器。此外,还有2门JM61型20毫米六管"加特林"自动船炮,射速(2门)1分钟1 100发,射程8千米。

船上设置宽大的直升机起降平台和双机机库,可搭载2架AS332直升机。

该船续航力强,能支援较远的外海域的巡逻船。

> 图212 "PLH31"巡逻船后部装备的35毫米自动炮,与夜视仪连为一体,是巡逻舰上最具威力的武器

> 图210 20毫米炮(顶部为光学瞄准镜)

> 图211 "PLH31"巡逻船炮塔两边配有2门20毫米自动炮

> 图213 "PLH31"巡逻船上的卫星天线(前)和对空雷达天线(后)

> 图214 "PLH31"巡逻船后部（深黑位置）桅杆上装有方位探测仪、探照灯和桅杆灯等

> 图215 "PLH31"巡逻船甲板上两条沟槽是直升机牵引用轨道，塔下是2座直升机机库

> 图216 "PLH31"巡逻船操舵室内所有的窗户都使用防弹玻璃，透明度很好

> 图217 "PLH31"巡逻船搭载全天候救生艇和警戒艇各2艘，两舷的警戒艇型号不同，右舷是螺旋桨推进型，左舷是喷水推进型，可根据执行任务所处不同滩涂环境选择使用

> 图218 "PLH01"巡逻船

第5章 国外海警船

> 图219 "PL31"巡逻船

> 图220 "PM51"巡逻船

石垣保安部的巡逻船

日本海上保安厅石垣保安部第11管区与中国东海相近，这一地区巡逻船部署实力较强。

石垣保安部拥有"PL61"和"PL63" 2艘最新式的大型巡逻船。"PL61"船标准排水量为1 300吨、满载排水量超过2 000吨、最大航速约30节，配有1门30毫米炮，于2008年服役。

2009年2月服役的"PL63"与"PL61"属于同一船型。该型巡逻船航速为30节，远高于其他日本大型巡逻船20节的速度。

小型巡逻船"PS11"于2000年竣工，满载排水量197吨、续航能力600海里、

> 图221 日本"PL61"大型巡逻船

> 图222 "PL63"巡逻船

> 图223 "PL61"和"PL63"巡逻船

> 图224 "PS11"小型巡逻船

最大航速35节，船员15名，配有1门20毫米多管炮。

"PC113"巡逻船最大航速36节，满载排水量101吨，配备1挺12.7毫米机枪，于2009年服役。

"CL154"通用巡逻船满载排水量19吨，续航力160海里，最大航速为30节，船员5人，于2009年服役。

"PC219"巡逻船于1980年建造，满载排水量85吨，最大航速30节，续航力350海里，船员10名，配备1挺12.7毫米机枪。

"PS109"巡逻船于2005年服役，满载排水量114吨，最大航速35节，续航力500海里，船员10名，配备1挺12.7毫米机枪。

> 图225 "PC113"大型巡逻船

> 图226 "CL154"通用巡逻船

第5章　国外海警船

> 图227 "PC219"巡逻船

> 图228 "PS109"巡逻船

舰船特点

巡逻船数量多、实力强

截至2010年,日本海上保安厅有各种用途的巡逻船510余艘,3 000吨级以上的大型巡逻舰至少有11艘。

巡逻船实力强

此外,日本海上保安厅还拥有一支质量极其可观的航空巡逻机兵力,配有74架飞机,可随时出动巡逻。

日本已成为全球强大的海上警备力量之一,仅次于美国海岸警卫队,超过东亚国家海警船兵力的总和,其巡逻船技术实力强、机动速度快、装备精良,是不折不扣的"第二海军"。

相互协同,任务分工明确

日本在海上的策略是不派遣具有军事性质的海上自卫队船只直接介入,而是倚重海上保安厅控制海上情势。

> 图229 "PL65"巡逻船

第5章 国外海警船

海上保安厅以海洋权益保全（领海警备、海洋调查）、警备海难救助、交通安全、防灾及环境保护、保全治安等为主要任务，各系统的巡视舰船相互协同且分工明确。

处理海洋争端等敏感事务时，海上保安厅巡逻船通常担任第一线的拦截搜捕与对峙任务，而海上自卫队的船艇则在其后或附近海域保持监控，作为海上保安厅的后盾，必要时展开支援或加入战斗。

> 图230 日本海上保安厅巡航编队

> 图231 海上保安厅巡逻船正在巡航

俄罗斯海岸警卫队舰船

俄罗斯海岸警卫队的前身是苏联时期的克格勃海上边境部队,隶属于俄罗斯联邦安全局,拥有不少护卫级舰艇,技术装备一流。巡航执法的特点是迅猛强悍、讲究实用,具有自己民族的风格。

俄罗斯海岸警卫队有近200艘舰艇和40余架航空器。最具代表性的是22460型巡逻舰。

22460型巡逻舰有"绿宝石"号、"红宝石"号、"金刚石"号等多艘。该型舰由俄罗斯北方设计局设计,其主要用途就是替代老旧巡逻舰,以此来巩固俄罗斯海岸警卫队的边防力量。在2018年刻赤海峡俄罗斯与乌克兰冲突中,22460型"绿宝石"号巡逻舰以迅猛的速度拦截了乌克兰军舰。

该型巡逻舰满载排水量约为650吨,舰长62.5米、宽11米,最大航速可达30节左右,续航力3 500海里,自持力30天。

在舰艏的位置配装1门AK630型近防炮,两侧位置拥有2挺12.7毫米速射机炮,在火力配置上丝毫不输同级的近海巡逻舰船。

为应对海上突发事件,在该舰舰艏位

> 图232 苏联时期的克里瓦克Ⅲ型巡逻舰

> 图233 下水的22460型巡逻舰

置上还加装了KH-35反舰导弹发射器,一旦发生冲突,可以在最短时间摧毁对方。

在舰艉有直升机停机坪,可以携带1架Ka226轻型直升机或3架军用无人机,使该舰在近海预警能力上有着显著的提升。

近年来,俄罗斯对22460型巡逻舰不断升级,配有新型巡航控制系统和电子通信系统。

该型巡逻舰目前已有12艘入列服役,经常在黑海、波罗的海和太平洋海域出现,预计建造25艘。

> 图234 航行中的俄罗斯巡逻舰

> 图235 航行中的俄罗斯"172"巡逻艇

越南的"海上警察"

2004 年12月越南国防部发布的白皮书指出"越南人民武装力量包括人民军、民兵自卫队、海上警察和人民公安",从法理上确定了海上警察在人民武装力量中的重要地位,越南海岸警卫队即为"海上警察"。

越南主要海警船及装备如下:

3艘1 200吨级巡逻舰,舷号为6006~6008。

2艘DN-2000型多功能远海巡逻舰是目前越南最大的巡逻舰,排水量2 500吨,编制70人,自持力达40天,最大航速21节,续航力5 000海里,能抗12级台风。

> 图236 停泊在港内的越南海警船(最左侧为DN-2000型多功能远海巡逻舰;红色船体舷号为CSB-9001的ST4612型救援拖船;右侧3艘为TT-200型吨级高速巡逻艇)

第5章 国外海警船

4艘ST4612型救援拖船，船长46米，排水量1 400吨，航速2节，能在12级风暴中救援距海岸200～300海里的万吨船，装备有2门90毫米高压水炮。

另有40余艘巡逻舰艇和执法飞机。

越南建造的一些海警船还设计有撞角。

> 图239 古代海战中在船前装有青铜撞角

> 图237 越南在海警船上安装撞角

> 图238 古代腓尼基军船撞角

"撞角"船型及由来

撞角是固定在战舰舰艏，用于撞毁敌船的突出物体。最先使用撞角的是古代埃及人，却被古代腓尼基、希腊的桨帆船广泛采用。在很长的一段时间内，帆船速度不高，使得撞角并没有得到广泛推广。近代以来，随着蒸汽船的出现，航速大大提高，而且军舰也成了铁甲舰，因此，撞角撞击战术被重新重视起来，而且事实证明撞角确实能够在海战中发挥一定的作用。美国在内战时期，为了有效对付木制帆船，而将撞角装在带铁甲的蒸气战舰上。但是撞角的"复活"也是短暂的，随着军舰的装甲化程度越来越高，以及火炮、鱼雷等海战武器越来越多，撞角又被各国海军抛弃了。

韩国海洋警察厅

韩国海洋警察厅有10 000多位海警人员，巡逻舰船300多艘，其中有多艘6 000吨级的海警船；11艘4 000吨级海警船；21艘1 000～3 000吨级的海警船，计划建造30艘以上；约40艘250～500吨级的巡逻艇。这些船上普遍装备有20毫米和40毫米的炮。韩国海洋警察厅不但装备精良，还有丰富的海上经验。

2016年服役的最新海警船"李清好"号，是韩国海洋警察厅现役最大的、最具代表性的海警船。该船船长150.5米、宽16.5米、高33.3米，相当于12层楼，甲板面积相当于9个网球场，5 000吨级，最大航速26节，满载油料时可以持续航行45

> 图240 韩国"5002"海警船

天,最大航程1.7万千米。该船技术性能优良,即使天气恶劣,也能出港执行各类任务。

该船可搭载1架舰载直升机和4艘快艇巡航;船上装备有射程200米的消防炮,可以对海上实施灭火作业;武器方面,配有载76毫米、40毫米、20毫米等不同口径的机关炮各1门。

韩国海警船的主要任务:"守卫"韩国海域;进行海洋事故救援演练;加大对外国"非法"捕鱼渔船的打击力度;实施海上救援等。

> 图241 韩国"1511"海警船

第 6 章
海警船未来之路

> 图242 设想未来海警船

未来的中国海警船不但有高新技术，还有超前的思维想象力，是前所未有的新型的海洋智能执法船。

高技术性能

打造海上移动执法新平台

作为未来海警船，执法上的显著特征是：可以在高海况下有效执行常态化的维权巡航，对重危区域长期值守，对突发情况做出快速反应和拦截。

在执法指挥信息化、海空一体化的联合监管机制等方面进一步提高。

在执法及护航、领土防卫等各项任务时,达到雷达目标反射截面和水下辐射噪声小,具有高效集控和综合分析、快速传输能力。

海警船作为守卫国家海防的重器,一直风雨无阻地巡航在茫茫大海上,经历大风大浪是家常便饭。遇到恶劣海况时,为了守卫国防海疆、护渔护船的安全,更需要迎难而上。因此,作为未来新型海警船,需要在开发新船型、提升总体性能等方面开展研究及设计工作,配备先进的系统及设备,灵活搭载不同的功能模块,实现全天候有效执行常态化的维权巡航任务,将新型海警船打造成一座集海防哨所、港湾、舰员之家于一体的新型海上移动平台。

作为未来新型海警船,技术上具有显著特征:一是要拥有优良的高科技技术性能,如利用流体力学、空气动力学等前沿技术,通过高技术手段减少船的阻力,突破常规船舶的极限,提高船的航行速度;二是通过先进的科技试验,使船的压载水大大减少或无压载水,从而大大增加船的有效装载重量;三是船的耐波性、稳定性和机动性更加优良高效。

> 图243　设想未来海警船1

(前部为武备、信息、水声探测等功能区;中部为机舱、集控指挥、驾驶等功能区;后部为直升机平台、快艇等综合执法区)

全方位、立体巡航执法
未来的"潜艇式"海警船型

现在的海警船都是水面上巡航警戒执法，容易观察，也容易发现目标。但随着海洋形势的发展，很有可能由水面发展到水下"看不见的战线"。因此，对水下资源的巡航警戒维权是必不可少的，未来的海上巡航执法必将会形成空中、水上、水下全方位、立体的巡航维权执法任务，难度也会加大。因此，海警船也将会有一种新的船型，即肩负水上、水下功能的"潜艇式"船型。

> 图244　设想未来海警船2

第6章 海警船未来之路 159

环保节能

"绿色"海警船

绿色节能已成为当今世界各国研究海上船舶可持续发展的方向。通过突破海警船船体线型设计技术、减阻技术、能源回收利用技术、高效推进技术、结构优化技术、无压载水技术、排放控制技术、清洁能源及可再生能源利用技术等，加大更先进的节能环保技术、新工艺和新装备的研发力度，促进绿色低碳发展，减少海上污染，大幅度降低能耗和排放水平，从而研制出具有领先水平的节能环保的海警执法船，促进海洋生态环境平稳发展，进而更好地造福人类。为此，设计建造绿色环保的海警执法船是未来一项艰巨的任务。

> 图245 设想未来海警船3

机智过人
海上无人装备母舰

海警船搭载无人装备后,执法手段拓展到了空中、水下,能极大地提高维权执法能力。随着人工智能技术的快速发展,无人机、水面无人艇、水下无人潜航器等装备的总体性能迅速提升,根据不同的任务需求,灵活装备不同的功能模块,可执行监视、跟踪、取证、驱离等维权执法任务。

舰载无人直升机——插上快速执法的翅膀

舰载无人直升机具有体积小、搭载便利,垂直起降、出动快捷,空中悬停、机动灵活,飞行速度快、航时长等特点,而且能有效规避飞行员疲劳等问题。海警船

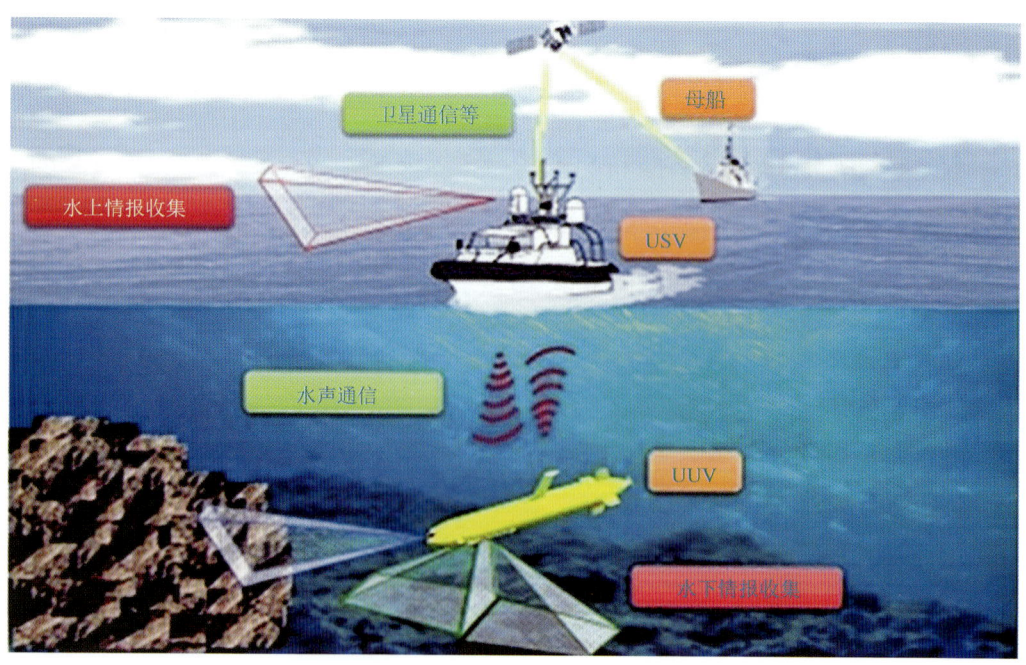

> 图246 未来海警船搭载无人装备联合执法示意

> 图247 AV500无人直升机

搭载舰载无人直升机，仿佛给执法队员加上了一双翅膀，可以快速飞临现场，监视事发海域、跟踪目标，管控事发海域态势，并把现场信息实时传回母船，帮助执法人员进一步确定执法方案。

随着侦察、监视、预警等任务范围的不断扩大，对舰载无人直升机速度、航程及活动半径的要求也在不断提高，倾转旋翼、涵道风扇等新形式的无人舰载垂直起降飞行器将为海警船提供更为广泛的使命任务和功能。

 **无人驾驶艇——一线侦察先锋**

无人艇是具备图像识别、信息采集、感知融合、自主航行、自主避障、实时监控、跟踪侦察等先进功能，自动化程度高，适航性能高的海上机器人。无人艇搭载在海警船上，具有突出的应用特点：

一是艇体轻巧，便于母船搭载和出动回收。

二是因吃水极浅，故可在多礁石及潟湖等常规海警船无法抵近的海域进行执法。

三是能够高速机动，最大航速一般超过40节。

四是续航力出众。

无人艇根据任务搭载多种功能的艇载设备，如搭载雷达、光电探测设备用于巡逻警戒，搭载救生筏、救生圈等设备用于

海警船

> 图248 水中的无人驾驶艇

搜索救助，搭载水炮可抵近进行火情侦查和消防，搭载强声、强光等非杀伤性武器用于执法驱离。

无人艇可以替代海警执法人员深入一线并自主完成相应的任务，特别是高危性、重复性任务，是海警船海上执法能力的倍增器。

无人潜航器——水下的"火眼金睛"

无人潜航器是无人驾驶、自动控制在水下航行的"水下机器人"。

由于无人潜航器不受高危险海底环境和恶劣的水文环境影响，能够在海况恶劣环境下执行任务，能够代替执法队员去危险度很高或其他平台无法进入的水域，较长时间地探测水下目标，以及搜集水文、气象、环境等信息，仿佛给执法队员在水下装了一双洞察一切目标的"火眼金睛"。

无人潜航器适用于深海搜索，美国曾调用无人潜航器"金枪鱼21"前往可疑海区进行搜索。该潜航器重750千克、长4.93米、直径0.53米、最大工作深度4 500米，能在深水水域工作20小时。其携带的先进传感器包括侧扫描雷达、多频段回声定位仪、高清晰摄像机等。深潜器的使用大大减少人力深潜的危险，高效并有利于未来海警船巡航执法。

> 图249 无人潜航器

数字海洋

未来海洋中的"智能警察"

未来海警船型是具有较强的智能化、信息化的执法船,可承担综合应急指挥重任,具备较强的综合信息处理与实时传输能力;通过利用能源、智能、信息等技术,加强对海上的巡航监管和各种突发事态的处理。

未来海警船一个最显著的特征就是把信息化行业的创新成果与海警船各专业、各系统深度融合,推动海警船信息化技术进步,形成更广泛的以信息化为基础和创新要素相结合的海警船发展新形态。随着信息感知技术、信息处理与传输技术,以

> 图250 未来智慧海洋构想示意

及海上各类装备信息数字化技术的发展，我们能够以组网的方式，多方面、多角度实时获取海洋各类信息，并且建立海洋的"孪生兄弟"——数字海洋，可以利用这些数字信息进行智能化挖掘与服务，智慧地开发海洋、管理海洋、融入海洋。

信息化、智能化是未来海警船的发展方向，海警船上将建立执法信息中心，借助智慧海洋先进的信息采集、处理及共享服务环境，充分获取来往船只、渔业、水文气象、海底动态变化等各类与海上执法相关信息，采用云计算、大数据和服务化等先进的科学技术，通过多样化执法应用，实现维权执法过程中的计算资源服务化、情报保障知识化、决策支持智能化等先进系统，确保海上维权执法高效精准完成，成为智慧海洋中一名"智慧警察"。

参考文献

1. 张远年."海岸警卫队"一词从何而来.中国国防报,2018-7-12.
2. 刘昱龙.中国海警的历史沿革和发展前景探析.法制与社会,2013(15):170-171.
3. 贾宇,吴继陆.美国海岸警卫队海上执法技术.傅崑成,译.北京:民主法制出版社,2013.
4. 黄宏波.船舶设计手册:总体分册.北京:国防工业出版社,2013.
5. 张松涛.探究减摇水舱优化设计及试验研究.哈尔滨:哈尔滨工程大学,2006.
6. 贾正余,黄宇.可控U型被动减摇水舱的减摇效果.船舶工程,2008,30(增刊):62-65.
7. 方学智.船舶设计原理.北京:清华大学出版社,2014.
8. 李积德.船舶耐波性.哈尔滨:哈尔滨工程大学出版社,2007.
9. 陶尧森.船舶耐波性.上海:上海交通大学出版,1985.
10. 霍洛季林.船舶的耐波性和在波浪上的稳定措施.北京:国防工业出版社,1980.
11. 李正伟,王建立,王斌.光电跟踪设备视景仿真系统设计.电脑知识与技术,2016(02):181-183.
12. 王建立.地基光电远望镜技术.光学精密工程,2009(1):78-84.
13. 张爱东.主动警务创平安.现代世界警察,2016(2):86-87.
14. 张毅.许学彦传.北京:中国科学技术出版社,2014.
15. 张毅.张炳炎传.北京:中国科学技术出版社,2016.
16. 张毅.海上中国梦.上海:上海文艺出版社,2013.
17. 赵文华.海上测控技术名词术语.北京:国防工业出版社,2013.
18. 唐云瀬,逯松荣.中国海监72船简介.海洋技术,1989(04):59-63.
19. 刘兵,李仲钿.海上执法力量 越南海上装备.舰船知识,2015(合订本下):36-38.
20. 国内航行海船建造规则2018.中国船级社,2018.
21. 李培志.美国海岸警卫队.北京:社会科学文献出版社,2005.
22. 海人社.日本海上保安厅.北京凸版数字产品有限公司,译.青岛:青岛出版社,2012.
23. 汤天浩,韩朝珍.船舶电力推进系统.北京:机械工业出版社,2015.

后 记

新中国成立以来，我国舰船与海洋工程装备从小到大，由弱变强，实现了跨越式发展，为捍卫我国海疆和保障国民经济的发展作出了巨大贡献。为了使广大青少年和公众读者了解到我国舰船研制的艰难历程和取得的成就，中国船舶及海洋工程设计研究院、上海市船舶与海洋工程学会、上海交通大学及上海科学技术出版社携手，编纂出版"国之重器——舰船科普丛书"，向中华人民共和国建国70周年献礼。

此套丛书编写得到曾恒一院士、潘镜芙院士以及80多位舰船及海洋工程研发设计专家的响应和支持，为其顺利出版奠定了基础。丛书编纂中，注重原创，努力将科学性、权威性、严谨性贯穿始终，把技术性、知识性、趣味性融于一体，把舰与船的专业知识从学术殿堂驶达青少年和公众读者的心田。

上海市船舶与海洋工程学会理事长邢文华、中国船舶及海洋工程设计研究院党委书记卢霖、江南造船（集团）有限责任公司董事长林鸥、沪东中华造船（集团）有限公司纪委书记胡敬东等领导对这套丛书的编撰出版予以多方支持和鼓励，并明确指示：该丛书的编撰是一项系统工程，

要求高、时间紧、工作量大，要发挥科技人员的参与意识和普及"国之重器"科学知识的积极性，努力把丛书编好，使它成为一部向广大青少年和公众读者科学普及舰船知识，弘扬海洋文化，开展国防教育的好丛书。

100多位从事舰船及海洋工程科研、设计、建造的专家和老、中、青三代科技工作者参与了丛书的编写。撰写者大多是肩负科研任务的一线科研工作者，只能利用业余时间进行编写；他们不是专业的科普作者，但要完成从建造者到教育者、从设计员到讲解员的角色转换；学术著作可以精尖高深，科普文章却要浅显易懂，要像对学生上课一样，心口相传，绘声绘色，这对他们而言绝非易事。但面对困难，他们不曾退缩。在大家的心中，参与丛书编撰不仅是对投身舰船科研、设计、建造实践的重塑，更是为了中国造船事业后继有人、薪火相传。从领受编撰任务的那一天起，他们酝酿推敲、遴选谋篇、不辞辛劳、不舍昼夜，把对科学的爱、对祖国的情凝练成书香墨宝。

历经2年，这部丛书终于与读者见面了。丛书的编撰得到众多单位支持，并成立丛书专家委员会，严格遵循资料汇

后 记

总、提纲拟制、内容撰写、审查把关、全稿统筹的编纂规律，先后多次召开书稿初审会、复审会和终审会，确保内容准确、权威。

因此，"国之重器——舰船科普丛书"具有以下特点：

一是广泛性。丛书涵盖了当今世界主要舰（船）种，内容包括舰船的诞生、发展历程、关键系统设备和发展前景等，是目前已出版舰船科普丛书中较齐全、较系统的一套科普丛书。

二是原创性。目前市场上有关舰船方面的科普图书屡见不鲜，但引进的多，原创的少，而这套丛书立足于国内舰船研制历程，经过精心策划，历经2年的努力原创而成。

三是权威性。丛书由中国船舶及海洋工程设计研究院、上海市船舶与海洋工程学会和上海交通大学主编，联合江南造船（集团）有限责任公司、沪东中华造船（集团）有限公司、上海外高桥造船有限公司、中国海洋石油集团有限公司等单位，还成立了由曾恒一院士、潘镜芙院士领衔的专家委员会对丛书内容进行专业技术上的把关，保证了此书的科学性和权威性。

四是充满情怀。习近平总书记指出：科技创新、科学普及是实现国家创新发展的两翼，要把科学普及放在与科技创新同等重要的位置。丛书正是基于这一精神向全民，特别是青少年介绍舰船科技知识，弘扬科学精神，传播科学思想和科学方法，激发爱国热情，使全民关心、热爱、支持国防建设和舰船事业的发展，为实现强军梦、强国梦尽一份心力。

五是集体创作。老、中、青100多位科技工作者参加丛书编撰，每分册从提纲到初稿、定稿，均经众人讨论、修改，所以说丛书是集体创作的成果。

丛书编写过程中参考了一些书籍和报刊，引用了一些观点和图片，在此表示诚挚的谢意。

李光所研究员为本书的编写提供了材料，并参加了审阅和修改工作。在丛书出版发行之际，向各位专家、全体编撰人员，以及关心、支持丛书编撰出版的有关单位和个人表示崇高的敬意。

对于书中不妥之处，希望广大读者予以指正。

张　毅

2018年8月

国之重器——舰船科普丛书
出版工作委员会

- **主　任**
  温泽远

- **副主任**
  魏晓峰

- **执行主任**
  侯培东

- **策划编辑**
  楼玲玲　陈　立　潘慧中　陈晏平

- **编辑人员（以姓氏笔画为序）**
  王　辉　朱永刚　杨　燕　李　艳　李宏瑞　沈晓平　张　帆　张钰琼　陈　立　陈　晨
  陈晏平　姚晨辉　高军晓　高爱华　楼玲玲　潘慧中

- **美术编辑**
  赵　军　潘慧中

- **技术编辑**
  张志建　吕　伟　陈美生　王晓颖　王永容

- **责任校对**
  朱　虹　陈敏芳　卢文斌　李瑶君　翟　红

- **发行推广**
  罗小林　李　旻　杨　淦　朱旖旎　李宏瑞　陈　立　潘慧中　陈美生

- **特约顾问**
  田小川　李维靖

本书内容由中国船舶及海洋工程设计研究院审定。本书所使用的图片由中国船舶及海洋工程设计研究院、上海市船舶与海洋工程学会、上海交通大学、江南造船（集团）有限责任公司、沪东中华造船（集团）有限公司、上海外高桥造船有限公司、中国海洋石油集团有限公司、中船重工第七一四研究所、少年儿童出版社等提供。

特别说明：本书中可能存在未能联系到版权所有者的图片，请见书后与上海科学技术出版社联系。